C·H·Beck
PAPERBACK

Inhalt

Einleitung: Kein Gleichschritt mehr

Lehrer? Deren Zeit ist vorbei. Dozierend vor homogen zu-
sammengesetzten Schulklassen stehen; ständig deren kollektive Aufmerksamkeit beanspruchen; allen Schülern in der
gleichen Zeit das gleiche, hübsch nach Fächern unterteilte
Lernpensum abverlangen, obwohl doch jeder Schüler anders
tickt und das wirkliche Leben nicht in den Schubladen von
Fächern verläuft; Hausaufgaben geben, obwohl die prekären
Wohnverhältnisse vieler Schüler deren Erledigung kaum gestatten; sich nicht scheuen, einzelne Schüler ein ganzes Schuljahr wiederholen zu lassen, statt sie so zu fördern, daß die
Wiederholung erst gar nicht in Betracht kommt: wer so etwas
tut, ist eher ein Überbleibsel des autoritären Obrigkeitsstaats
als in der Bildungswelt des 21. Jahrhunderts angekommen.
Zeitgemäßer demokratischer Unterricht orientiert sich an den
persönlichen Interessen und dem individuellen Tempo der
Lernenden. Er braucht dringend Lernbegleiter, die überall zur
Stelle sind, wo Lernende gerade nicht weiterkommen und einen Hinweis, einen Rat, eine spezielle Förderung nötig haben.
Was er nicht braucht, sind Lehrer – Personen, die pauschal
vorgeben und vormachen, was und wie zu lernen sei. Gelernt
wird heute eigenständig, beweglich, kreativ, weder Lehrern
zuliebe noch nach Schablonen oder im Gleichschritt.

So etwa klingt das Lied der «neuen Lernkultur». Ein
vielstimmig gemischter Chor von Bildungsexperten singt es
seit einigen Jahren mit wachsender Lautstärke. Es dringt in
die Unterrichtsgestaltung und -planung vor, in die Ausbildung der Referendare, in die Erlasse der Kultusministerien, in
die Bildungsprogramme der politischen Parteien. Schulen sollen sich schnellstens aus realitätsfernen, mit Bildungsballast

überfrachteten Anstalten in offene, flexible Lernlabore verwandeln, um den Herausforderungen der mikroelektronisch vernetzten Wissensgesellschaft des 21. Jahrhunderts standzuhalten. In der Tat, die Bildungspolitik hinkt hinterher. Mit der ihr eigenen Schwerfälligkeit bewegt sie sich dorthin, wo andere schon vor fast drei Jahrzehnten waren. «Ich richte an die Gewerkschaften einen dringenden Appell, die Zeichen der Zeit zu erkennen. Kollektives Gleichschrittdenken bringt uns nicht weiter, sondern nur flexible, individuelle Lösungen.» «Wenn wir nicht eine tiefgreifende Deregulierung in vielen Lebens- und Arbeitsbereichen durchsetzen, werden uns die Bleigewichte von überflüssigen Geboten und Verboten daran hindern, in eine moderne und erstrebenswerte Zukunft zu gehen.» «Mehr Flexibilität wird in Zukunft nicht nur ein Merkmal der Produktion sein, sondern auch das entscheidende Merkmal unserer Arbeitsstrukturen.» «Nicht die Einheitlichkeit, sondern die Vielfalt – nicht organisierte Geschlossenheit, sondern bewußte Offenheit», «das sind die Merkmale einer neuen Sozialkultur.»[1]

So sprach 1987 ein Visionär: der damalige Präsident der Bundesvereinigung der Arbeitgeberverbände, Klaus Murmann. Seine Vision ist seither in atemberaubendem Maße Wirklichkeit geworden. Und das entscheidende «Zeichen der Zeit», das seit den 1980er Jahren für einen Umschwung sondergleichen gesorgt hat, war in seiner Tragweite zunächst kaum zu erkennen. Es kam nicht mit sozialen Paukenschlägen wie Streiks oder Aufständen daher, sondern in Gestalt einer technischen Neuerung, der es in wenigen Jahren gelang, die Arbeitsräume und -zusammenhänge aufzulösen, auf denen die gesamte kapitalistische Industrialisierung der Neuzeit fußte. Gut drei Jahrhunderte hatte es gedauert, bis diese in-

1 Murmann 1988, 12 f.

dustriellen Arbeitsbedingungen so eingeübt waren, daß sie wie Naturgegebenheiten erschienen – und kaum mehr daran gedacht wurde, daß sie selbst ja erst aus einer langwierigen und gewaltsamen sozialen Umwälzung hervorgegangen waren. Im europäischen Mittelalter hatten andere Verhältnisse geherrscht. Die bäuerliche Bevölkerung war abhängig von Grundherren gewesen, das Handwerk eingezwängt in eine hierarchische Zunftordnung. Immerhin aber verfügten die Arbeitenden selbst über ihre Arbeitsmittel: Bauern über die Geräte, die sie zur Viehzucht und zum Getreideanbau brauchten, Handwerker über das Werkzeug und Zubehör, das zum Schneidern, Schmieden, Backen etc. unerläßlich war. Und vor allem: Sie waren dort tätig, wo sie wohnten. Wohn- und Arbeitsraum gingen ineinander über.

Die neuzeitliche Arbeitswelt formierte sich hingegen durch die Trennung von Wohn- und Arbeitsraum. Mit ihr ging die Trennung von Arbeitern und ihren Arbeitsmitteln einher. Vor allem auf dem Land geschah das sehr unsanft. Ein großer Teil der Landbevölkerung wurde von der Scholle vertrieben und in die Städte gedrängt. Erst danach konnten dort Manufakturen entstehen, in denen sich viele Arbeiter kasernieren und ihre Tätigkeiten sich so in Handgriffe zerlegen und aufeinander beziehen ließen, daß sie maschinenähnlich zusammenzuwirken begannen und damit einen Grad an Produktivität erreichten, gegen den die herkömmliche Handwerkstatt nicht aufkam. Die Manufaktur war die Vorform der Fabrik und die Fabrik der Prototyp des modernen Arbeitsraums: strikt getrennt vom Wohnraum und bestückt mit Maschinen, an denen eine Vielzahl von Arbeitskräften für maximalen Output zu sorgen hatte. Auch das Büro formierte sich nach diesem Muster. Verwaltung funktionierte am besten, wenn die Bearbeitung von Anträgen, Aufträgen und Verträgen an einem vom Wohnraum getrennten Ort konzentriert und dort, unterstützt von modernsten Maschinen, von vielen gleichzeitig geleistet wurde – ähnlich arbeitsteilig wie Fabrikarbeit. Und auch das Schulwesen orientierte sich daran. Sobald Kinder schulfähig waren, hatten sie sich an einen vom Wohnraum strikt getrennten Ort einzufinden, um dort in homogenen Altersgruppen von verschiedenen Fachlehrern – also arbeitsteilig – unterrichtet zu werden.

Dann kam das Wunderwerk des Computers, jener Maschine, die auf der genial einfachen Idee beruht, alles Mitzuteilende auf zwei Einstellungen zu reduzieren: Eins-null, ja-nein, go-stop. Alles, was sich in einer Abfolge dieser zwei Einstellungen ausdrücken läßt, können Computer ausführen. Und als sie klein und handlich genug geworden waren, um in Serienproduktion zu gehen, und sich auch noch telekommunikativ miteinander vernetzen ließen, begann eine neue Ära. Computer ersetzten in Druck-, Metall- und Elektroindustrie, in Dienstleistung und Verwaltung ganze Berufssparten; sie ermöglichten wirtschaftliches Wachstum bei gleichzeitigen Massenentlassungen (*jobless growth*); sie erübrigten weit mehr Jobs, als sie neue schufen, und lockerten sämtliche Arbeitsverhältnisse auf. Eine High-Tech-Firma ist in der Regel funktionsfähig, wenn ihre Beschäftigten elektronisch miteinander verbunden sind. Sie müssen nicht mehr an einem Ort gemeinsam arbeiten.

Damit nimmt auch die Zuständigkeit der Betriebe für gemeinsame Arbeitsräume ab. Alte Erinnerungen werden wach. In frühkapitalistischer Zeit hatten die Beschäftigten Lebensmittel und Heizmaterial gefälligst selbst in die Fabrik mitzunehmen, wie sie auch selbst fürs Alter vorzusorgen und Ärzte zu bezahlen hatten. Erst nach langwierigen Arbeitskämpfen übernahmen die Betriebe die angemessene Ausstattung des Arbeitsplatzes, die Bereitstellung von Werkskantinen, Beteiligung an Alters- und Krankenversorgung, Lohnfortzahlung während des Erholungsurlaubs und im Krankheitsfall sowie Fortbildungskosten. All diese Verantwortlichkeiten stehen wieder zur Disposition, seit es jene kleinen Universalmaschinen gibt, die sich heutzutage nahezu jeder leisten, jeder in der Akten- oder Hosentasche mit sich führen kann. Sie lassen sich in einem Firmengebäude genauso bedienen wie in einer Privatwohnung. Wohn- und Arbeitsraum, Privat- und Berufssphäre, Freizeit und Arbeitszeit gehen wieder ineinander über. Warum soll man für Arbeiten, die feste kollektive Arbeitsräume gar nicht mehr erfordern, feste Lohnverpflichtungen eingehen? Warum nicht jeden Computerbesitzer als Selbständigen erachten, den man als Lieferanten von Arbeitsleistungen bezahlt, statt ihn dauerhaft einzustellen? Den man hübsch selbst für seine Infrastruktur und Versicherungen aufkommen läßt, der dafür aber auch seine Arbeits- und Freizeit völlig frei und selbständig organisieren darf – wenn er seine Arbeitsprodukte oder Dienstleistungen nur vertragsgemäß liefert.

So läuft Flexibilisierung. Sie durchdringt sämtliche Lebensbereiche. Es gibt zwar Betriebe, in denen das Zusammenwirken vieler an einem bestimmten Ort weiterhin unerläßlich ist (Krankenhäuser, Pflegeheime, Baufirmen etc.), aber auch sie stehen unter Flexibilisierungsdruck und lagern möglichst alle Arbeitsleistungen aus, die sich auf Lieferbasis in Anspruch nehmen lassen. Wo immer es geht, suchen Firmen ihre Arbeitskräfte in Selbständige zu verwandeln. Die epochale Trennung von Arbeitenden und Arbeitsmitteln wird rückgängig gemacht. Das universale Arbeitsmittel Computer haftet den heute Beschäftigten wie mit Saugnäpfen an; viel zudringlicher, als es traditionelle Werkzeuge den Handwerkern früherer Epochen je taten. Es ist für die gesamte Lebensführung unentbehrlich geworden – weit über den aktuellen Job hinaus. Die Trennung von Arbeitenden und Arbeitsaufträgen hingegen bleibt bestehen. Die neuen Selbständigen sind selten mehr als kleine Subunternehmer, Manager ihrer eigenen Arbeitskraft[2] –

---

2 Bröckling 2007.

und auf dem Arbeitsmarkt kaum besser dran als früher Industriearbeiter und kleine Angestellte. Sie tragen ihr Universalgerät zwar ständig mit sich umher, aber es liegt als Arbeitsmittel brach, solange ihm geldwerte Arbeitsaufträge fehlen. Selbständig sein heißt auch selbst unablässig für die soziale und mediale Präsenz sorgen müssen, die Aufträge verschafft. Man ist ständig zum *update* genötigt und extrem auftragsabhängig, arbeitet von Liefertermin zu Liefertermin, meist unter Zeitdruck, aber völlig frei darin, wie man seine knappe Zeit gestaltet. So funktioniert deregulierte Arbeit. Feste Arbeitsräume wie Fabriken und Büros, die auch im Realsozialismus beibehalten wurden, lösen sich auf. Stattdessen kehren früh-, ja nahezu vorkapitalistische Verhältnisse zurück. Es wird wieder in Heimarbeit Gefertigtes größeren Auftraggebern geliefert, wie einst in der Woll- und Uhrenproduktion, ehe sie zu Manufakturen zusammengefaßt wurde. Nur daß heutige Heimarbeiter kaum mehr in Handarbeit Kleinteile zusammenfummeln, sondern eher an Softwareprogrammen tüfteln oder Datenverwaltung übernehmen. Auf High-Tech-Niveau bewegt sich der globale Kapitalismus mit jedem Schritt vorwärts auch wieder zu längst überwunden Geglaubtem zurück. Sein rasanter Fortschritt ist zugleich ein «Rückgang in den Grund».[3]

Die Arbeitgeberformel dafür lautet: Kein Gleichschritt mehr! Selten ist eine Metapher demagogischer gewesen. Man sieht förmlich eine Kompanie im Stechschritt am inneren Auge vorbeiziehen und bekommt suggeriert, daß überall, wo viele gleichzeitig Gleichartiges verrichten, militärischer Drill herrscht: autoritäre Ignoranz gegenüber individuellen Besonderheiten, persönlichen Einstellungen, Vorlieben und Geschwindigkeiten. Die Deregulierung kommt als Demilitarisie-

3 Hegel 1970 [1834], 70.

rung aller Lebensbereiche daher. Schluß mit dem Drill. Jeder soll ein Selbständiger sein, jeder nach seinem eigenen Biorhythmus leben und arbeiten. O schöne neue Arbeitswelt! Und wie verhält sich dazu die Bildungswelt? Offenbar als Nachzügler. Immer noch gibt es feste gemeinsame Unterrichtsräume und -zeiten, homogene Unterrichtsgruppen mit festem Fächerkanon und einem pauschal für ganze Jahrgänge vorgegebenen Pensum. Ausgerechnet im Bildungsbereich hält sich der Gleichschritt.

Dagegen begehrt ein neuer Typ von Bildungsrevolutionären auf. Was geschähe, fragt etwa Richard David Precht, wenn «[e]in paar kluge Menschen aus verschiedenen Teilen der Gesellschaft» noch einmal bei Null anfangen und sich etwas ausdenken dürften, was «unseren Kindern dabei helfen soll, zu gut gebildeten Persönlichkeiten heranzureifen»? «Verfiele irgendjemand auf die Idee, die faszinierende Welt des Wissens in Fächer zu unterteilen? Würde man Kindern im Fünfundvierzig-Minuten-Takt völlig zusammenhanglos vier, fünf oder sechs verschiedene Wissensgebiete pro Tag nahebringen? Würde man sich ein Zensurensystem mit sechs Ziffern ausdenken und Zeugnisse, die einzig und allein daraus bestehen? Würde man einen Lehrer vor fünfundzwanzig oder dreißig Schüler stellen? Wäre dieser Lehrer fest verbeamtet und damit praktisch unkündbar? Gäbe es ein dreigliedriges Schulsystem? [...] Müssten alle Gleichaltrigen in eine Jahrgangsstufe gehen?»⁴ Nichts von alledem. Die «klugen Menschen» würden schulisches Lernen selbstredend nach den neuesten Erkenntnissen der Hirnforschung und Entwicklungspsychologie gestalten: ohne Fachgrenzen, ohne festen Zeittakt, ohne feste Jahrgangs- und Leistungsgruppen, ohne Zensuren, ohne Leistungsdruck, ohne verbeamtete Aufseher. Stattdessen stünde stets «ein klei-

4 Precht 2013, 135 f. Weitere Seitenzahlen im Text.

nes Coaching-Team» bereit, «aus dem jeder hilfsbedürftige Schüler sich seinen Ansprechpartner aussuchen kann» (233).

Jeder soll also lernen, was, wie und wann er will? Nein, so war es nicht gemeint. Nach wie vor soll ein «Wissensminimum» gelten, «das jeder Schüler innerhalb einer festgelegten Zeit von Jahren an einer weiterführenden Schule zu erlangen hat» (233). Er soll sich die Zeit bis zum Stichtag nur beliebig einteilen dürfen, wie der flexible Heimarbeiter die Zeit bis zum Liefertermin. Woraus aber soll das «Wissensminimum» bestehen, und wer legt es fest? Wie soll man es überhaupt formulieren, wenn alle herkömmlichen Fächergrenzen – Mathematik, Englisch, Geographie etc. – aufgelöst sind? Keine Antwort. Und die Befreiung von den Zensuren? Die führt lediglich zu einer feineren Dauerüberwachung, nämlich «durch ein Monitoring (einschließlich von Zeugnissen)» (132), welches nunmehr freilich die Entwicklung des einzelnen Kindes abbilden soll, nicht dessen Verhältnis zum Durchschnitt einer Lerngruppe, und zwar in differenzierten Worten, nicht mehr in Zahlen, sowie unter Einbeziehung des ganzen Coaching-Teams. Damit stiege der Bewertungsaufwand sprunghaft. An die Stelle der Zensuren träte jene Art von Gutachten, mit denen Psychotherapeuten den Entwicklungsstand ihrer Patienten längst schon dokumentieren müssen. Das «Monitoring» der Krankenkassen macht bereits vor, wohin das führt: zu weniger Zeit für die Therapie und immer mehr Zeit für die Begutachtung von deren Resultaten. In den Schulen käme noch der Gutachtenabgleich im Coaching-Team hinzu. Wie sollen drei bis fünf aufmerksame Pädagogen ihre ganz individuellen Beurteilungen zusammenfassen, ohne sich in langen Diskussionen auf gemeinsame Kriterienkataloge und Sprachregelungen zu einigen?

Deregulierung führt fast immer zu mehr Bürokratie statt zu weniger. Was sie allerdings tatsächlich entbehrlich macht, sind feste Lerngruppen sowie fest eingestellte Lehrer. «Die ganze

Gesellschaft formt sich um von einer Welt, in der Menschen in Institutionen (Schule, Universitäten, Akademien etc.) lernten, in eine Welt, in der von jedem erwartet werden kann, dass er mithilfe von Computer und Internet selbst lernen kann und soll.» Sogar «auf YouTube finden sich inzwischen breit aufgerufene Vorlesungen, die pädagogisch weit besser sind als vieles, was Schulen und Universitäten ihren Schülern und Studenten vorsetzen». (188) Zeitgemäß sind mobile Coaching-Teams, die in den Umgang mit der neuen medialen Lernwelt einüben, in offenen Lernräumen, aber auch online beraten. Feste Lerngruppen hingegen, egal, ob man sie nach gleichem Alter oder gleichem Lernniveau zusammenstellt, schließen immer irgend jemanden aus. Dem Arbeitsmarkt gehen dadurch unschätzbare Potentiale verloren. «Firmen, Betriebe und Unternehmen können sich die soziale Selektion der Gegenwart schon lange nicht mehr leisten», und «die richtig verstandenen Interessen der Wirtschaft sind letztlich die gleichen wie die Interessen derjenigen, die möglichst allen Kindern dieser Gesellschaft einen zeitgemäßen Schulunterricht und eine Chance auf ein erfülltes Leben geben wollen» (20). Wirtschaft und Sozialarbeit wollen eigentlich das gleiche. Man muß sie nur richtig verstehen.

So dient die von Precht geforderte «Bildungsrevolution» (163) vor allem der Angleichung der Schulen und Hochschulen an überall sonst längst geltende Flexibilitätsstandards. Das Ausscheren aus dem Gleichschritt gewinnt die Aura von Nonkonformismus, Originalität und Kreativität. Nur eine Frage wird nicht mehr gestellt: Wie soll denn gemeinsame Erfahrung, ja überhaupt menschliche Gemeinschaft entstehen, nicht zu reden von der in nahezu jeder Stellenausschreibung verlangten «Teamfähigkeit», wenn gar nicht mehr vorgesehen ist, daß eine Mehrzahl von Personen immer wieder etwas gleichzeitig macht, von gemeinsamem Essen bis zu gemeinsamen Sitzungen und Tagungen mit vorher festgelegter Agenda?

Offenbar hat die hochgelobte «Teamfähigkeit» wenig mit gemeinsamer Erfahrungswelt und viel mit maximaler Flexibilität zu tun. Wer schnell umdisponiert und Informationen weiterleitet, sich täglich anders vernetzt und dabei möglichst immer erreichbar ist, gilt als teamfähig und damit auch als kreativ; trägt er doch ständig zu Neuem bei. Im Gegensatz zu den herkömmlichen Lehrplänen. Sie trotten im Gleichschritt, solange sie alle Lernenden einer Alters- oder Leistungsstufe auf die Erlangung bestimmter pedantisch umschriebener Sach- und Fachkompetenzen verpflichten. Also weg mit ihnen – zugunsten eines neuen, flexiblen Kompetenzdesigns, worin «hohe soziale Kompetenz» (185) ganz oben rangiert und alle Sach- und Fachkompetenzen nur noch so weit zählen, wie sie ihr zuträglich sind.

Vorschau

«Ich kann das Kompetenzgerede nicht mehr hören», sagen viele Lehrer. Sie werden es noch lange hören müssen. Es ist keineswegs bloß eine Modewelle, die bald wieder abebben wird, sondern eine von den höchsten Bildungsinstanzen verordnete Terminologie. Sie kommt ebenso einschmeichelnd daher wie der ganze flexibilisierte neoliberale Kapitalismus, aber sie vollzieht nichts Geringeres als einen weltanschaulichen Umbruch. Sie definiert nämlich den *Homo sapiens* in einen *Homo competens* um. Von der Tragweite dieses Umbruchs handelt das erste Kapitel. Es beginnt mit einem kleinen Rückblick auf die Herkunft des Kompetenzbegriffs, damit überhaupt verständlich werden kann, was ihm zu seinem historischen Durchbruch verhalf: seine behavioristische Umstülpung. Erst danach war er tauglich dafür, sämtliche schulischen und universitären Lehrpläne zu uniformieren.

Seine durchschlagende Wirkung verdankt er allerdings seinem Bündnis mit einem andern Zauberwort, das nicht minder weltanschaulich aufgeladen ist: Inklusion. Dies Wort ist ebenfalls von ganz oben verordnet worden. Die Vereinten Nationen haben ihm die Aura eines Glaubensartikels verschafft. Seine Anhänger kommen aus allen parteipolitischen Lagern. Keinen von ihnen kümmert es, was das lateinische *inclusio* ursprünglich heißt: Einschluß, Einsperrung. Man propagiert ja gerade das Gegenteil: eine Offenheit, die so umfassend ist, daß sie nicht zuläßt, irgend jemanden draußen zu lassen. Alle sollen bei allem voraussetzungslos und barrierefrei mitmachen; jeder soll dabei auf das hin angesehen werden, was er schon kann: seine Kompetenz. Wer sich beengt fühlt, wenn er in Inklusionsgruppen gerät, hat entweder das Prinzip noch nicht verstanden oder ist notorischer Querulant. Denn wo niemand ausgeschlossen wird, jeder willkommen ist und unentwegt positive Verstärker seiner Kompetenzen empfängt, *müssen* sich doch alle wohl fühlen. Von dieser Glaubenszuversicht und ihren Anfechtungen handelt das zweite Kapitel.

Dann erst ist der Boden bereitet für das Haupt- und Schlußkapitel. Es widmet sich den von der neuen Lernkultur Totgesagten: den Lehrern. Darunter verstand man bisher einzelne Erwachsene, die einer Gruppe von Kindern oder Jugendlichen etwas zeigen: ihnen gemeinsam Sachverhalte eröffnen. Wenn solche Erwachsenen nicht mehr erwünscht sind, weil sie «frontal» einer Gruppe gegenüberstehen und sich nicht primär an deren Bedürfnissen orientieren, sondern an vorgegebenen Inhalten; wenn statt dessen jedes Kind von Anfang an einen ganz auf seine individuellen Kompetenzen zugeschnittenen Lernstoff dargereicht bekommt und es sich Erwachsene nur noch herbeiwinkt, wenn es das Gefühl hat, ohne sie nicht voranzukommen: dann ändert sich weit mehr als nur eine Unterrichtsmethode. Eine neue Anthropologie greift Platz. Ihr Ideal sind die mikroelektronischen Universalmaschinen. Maschinen sind dadurch definiert, etwas zu können. Sie haben eine bestimmte Kompetenz und sonst nichts – keine Wünsche, Erwartungen, Ängste, Intentionen, Ziele. Alles, was den emotionalen Boden des menschlichen Kompetenzerwerbs ausmacht, fehlt ihnen. Ihre Herstellung ist ihre Programmierung. Und je vielfältiger die mikroelektronische Maschinerie wird, desto menschenähnlicher und vorbildlicher. Müßte das nicht auch bei Menschen so laufen: daß sie sich – ganz nach ihren Fähigkeiten und Neigungen – selbst programmieren und man ihnen dazu lediglich die entsprechende Hilfestellung gibt? Daß sie sich ihr Wissen aus den unerschöpflichen digitalen Datenbanken selbst zusammensuchen und Mitmenschen bloß noch eingreifen, wo diese Suche stockt?

Genau darauf läuft Bildung als Kompetenzgenerierungsbetrieb hinaus. Doch dieser Betrieb macht die Rechnung ohne den Wirt: den emotionalen Boden der Kompetenz. Deswegen erzeugt er massenweise Kompetenzkrüppel, die erschreckend wenig wissen, weil sie zwar alles googeln können, aber unfähig sind, sich in Sachverhalte so zu vertiefen, daß sie ihnen zu eigen, vertraut, lieb und wert werden. Das nämlich kann man nur von Menschen lernen – zum Beispiel von Lehrern. Selten wurden sie so tief gehängt wie von der neuen Lernkultur. Nicht nur schlechte Lehrer gelten ihr als schlecht, sondern Lehrer überhaupt. Gute Lehrer sollen nur noch die sein, die die Lehrerrolle freiwillig aufgeben und sich zu Kompetenzbeschaffungsgehilfen degradieren. Doch niemand zwingt sie, das zu tun. Gerade die neue Lernkultur kann sie zur Besinnung bringen: darauf, was genuine Lehrer sind und was sie unverzichtbar macht. Wenn sie ihre Selbstdegradierung nicht mitmachen, hat die neue Lernkultur keine Chance.

1. Kompetenzwahn

Sachverstand

Viele, die heute unablässig von Kompetenz reden, wissen vielleicht, daß es sich um ein lateinisches Lehnwort handelt. Aber wer kennt noch das Verb, von dem es abstammt? Es heißt *competere* und ist ohne seine politisch-rechtliche Grundierung kaum zu verstehen. Wörtlich bedeutet es «zusammen zugreifen». Damit war nicht gemeint, daß viele Kinderhände gemeinsam nach wenig Süßigkeiten greifen, sondern daß eine politische Macht mit vereinten, wohlkoordinierten Kräften ein zusammenhängendes Gebiet erfaßt. Im Zuge seiner Ausdehnung wurde das alte Rom etwa für ganz Italien «kompetent», später für den gesamten Mittelmeerraum. Zunächst ganz brutal durch militärische Eroberung. Dann aber wußte es die eroberten Gebiete auch so geschickt mit Truppen und Aufsehern zu besetzen, daß es die Oberhoheit über sie behielt. Kompetenz umfaßt ursprünglich ebenso Macht wie Wissen.

Für ein Gebiet kompetent sein heißt so viel wie dafür zuständig sein: befugt und fähig, es zu verwalten. Dazu gehört, daß man sich darin auch auskennt, mit seinen inneren Gegebenheiten und Zusammenhängen vertraut ist. Und das ist die Bedeutung, die das Wort Kompetenz annahm, als einige der modernen europäischen Nationalsprachen es dem Lateinischen entlehnten. Es war zunächst ein Verwaltungsbegriff, blieb aber nicht auf Behörden und Beamte beschränkt, sondern wurde allmählich für Fachleute aller Art gebräuchlich: Handwerker, Ärzte, Wissenschaftler – alle, die ihr Sachgebiet beherrschten.

Im 20. Jahrhundert ist Kompetenz gleichbedeutend mit

Sachverstand geworden. Doch wie definiert man den? «Wer nichts als Chemie versteht, versteht auch die nicht recht», bemerkte Georg Christoph Lichtenberg.[5] Mit andern Worten: Wer nur das Innere eines Gebiets zur Kenntnis nimmt und nicht auch dessen Umgebung, der ist borniert – ein Fachidiot. Sachverstand kann nicht an Fachgrenzen abrupt enden. Andrerseits kann er nicht endlos darüber hinausreichen. Wie also ist mit Gebietsgrenzen und Grenzgebieten verständig umzugehen? An dieser Frage hatte schon der junge Platon laboriert. Seine Heimatstadt Athen war ein Biotop für sogenannte Sophisten. Das war damals noch kein Schimpfname für Wortverdreher und spitzfindige Advokaten. Sophisten nannte man Leute, die als Sachverständige für Weisheit auftraten. Sie reisten durch die griechischen Stadtstaaten und boten sich jungen Männern gegen Bezahlung als Lehrer an. Die Jugendlichen aus den vornehmen Familien, die auf baldige Mitgestaltung ihres Gemeinwesens, also auf eine politische Karriere, aus waren, flogen auf solche Lehrer. Als der Sophist Protagoras in Athen aufkreuzte, drängten sie sich alsbald im Haus seines Gastgebers. Platon hat die Szene so plastisch beschrieben, daß man meinen sollte, er sei dabei gewesen.[6]

Doch was ist es genau, was ein Sophist lehrt? Wofür ist er sachverständig? Diese Frage hatte Platon von jemandem gelernt, der seinen Zeitgenossen selber als Sophist galt: Sokrates. Sokrates gehörte zu denen, die, umgeben von einem Schwarm wißbegieriger Halbwüchsiger, in Athen umgingen und öffentlich Weisheitsfragen erörterten. Aber er nahm dafür kein Geld. Er hätte nicht angeben können, wofür es ihm zustünde. Er hielt sich nicht für einen Sophisten, fühlte sich um Weisheit zwar sehr bemüht, aber nicht als ihr Sachver-

5 Lichtenberg 1968, 772.
6 Platon, *Protagoras*, 314 c – 316 a. Weitere Nachweise im Text.

ständiger.[7] Um so lieber fühlte er jenen, die Sachverstand für sich reklamierten, auf den Zahn. Was denn das sei, wofür sie Bezahlung verlangten, wollte er wissen. Bei normalen Fachleuten war das nicht schwer zu sagen. Wer zu einem Arzt in die Lehre ging, wollte die ärztliche Kunst lernen und selbst Arzt werden. Wer zu einem Bildhauer ging, wollte Bildhauerei lernen, wer zu einem Flötisten ging, das Flötenspiel. Aber was lernt jemand, der zu einem Sophisten in die Lehre geht? Darum dreht sich Platons Frühschrift *Protagoras*.

Protagoras «verstehe gewaltig zu machen im Reden» (312 d), sagt einer von dessen Fans. Na schön, läßt Platon Sokrates antworten. Aber «gewaltig reden» kann man doch wohl nur über Dinge, von denen man etwas versteht, oder? Der Kitharaspieler kann das über die Musik, aber worüber der Sophist? (312 e) Von dieser Frage aus tastet sich der platonische Sokrates förmlich an Protagoras heran. Er sucht ihn bei seinem athenischen Gastgeber auf, verwickelt ihn in ein Gespräch und entlockt ihm ein Geständnis: Ja, sagt Protagoras, er wolle «Menschen erziehen» (317 b) und könne sie durchaus etwas Bedeutendes lehren, nämlich «Wohlberatenheit (*euboulia*) in den häuslichen Angelegenheiten, wie man sein Haus am besten verwaltet, und in den Angelegenheiten der Polis, wie man in ihnen am geschicktesten handle und rede» (318 e–319 a).

---

7 Der um Weisheit Bemühte heißt griechisch *philosophos*. Er liebt die Weisheit, weil er sie nicht hat. Philosophen sind gerade nicht weisheitskompetent. Odo Marquard hat Philosophie als «Inkompetenzkompensationskompetenz» bezeichnet und damit ein vielzitiertes Bonmot gelandet (Marquard 1981, 23). Allerdings argumentierte er dabei vorab im Rahmen der Kompetenzterminologie, statt zu fragen, ob die hier überhaupt zuständig ist. Sie ironisieren macht noch längst nicht immun gegen ihre beschränkende Wirkung.

«Wohlberaten» ist jemand, der sowohl Rat weiß als auch Rat anzunehmen weiß. Man könnte ihn «lebensklug» nennen. Doch Lebensklugheit läßt sich nicht trennscharf umreißen. Sie ist zwar ohne Sachverstand nicht zu erlangen. Aber sie geht in Sachverstand nicht auf. Es muß eine wohldosierte Mischung aus Umsicht, Besonnenheit, Mut und Gerechtigkeitssinn hinzukommen. Andrerseits verlangt Wohlberatenheit nichts Außergewöhnliches. In der alten griechischen Volksversammlung, wo es um Angelegenheiten des Gemeinwesens ging, konnte jeder Arzt, Zimmermann, Bildhauer etc. verantwortlich mitreden und -entscheiden, ohne zuvor bei einem Sophisten in die Lehre gegangen zu sein.

Aber läßt sich Lebensklugheit (Wohlberatenheit) lehren? Gewiß nicht wie Flötenspiel oder Gymnastik. Sie ist weder eine Technik noch eine Kunst, also nicht das, was im Griechischen *téchnē* heißt.[8] Platon nennt sie Tugend (*aretē*) – und steht damit vor der Frage: Ist Tugend lehrbar? Nicht direkt durch Sachverständige, ist seine Antwort. Modern gesagt: Sie ist keine Kompetenz. Insofern leben alle Sophisten, die als Tugendlehrer daherkommen, über ihre Verhältnisse – also gerade nicht tugendhaft. Dennoch kann man Tugend lernen. Sie ist nicht einmal unattraktiv. Warum drängten sich Halbwüchsige im alten Athen um wortgewaltige Männer, die ihnen Tugend

---

8 *Téchnē* bedeutet so viel wie standardisierte Geschicklichkeit. Das kann heißen: immer wieder gleichförmig nach denselben objektivierten Regeln verfahren. Es kann aber auch heißen: einen erreichten Geschicklichkeitsstandard jeder neuen Situation neu aussetzen. Deshalb ist *téchnē*, je nach Kontext, sowohl mit Technik als auch mit Kunst übersetzbar. Manchmal ist auch beides zugleich gemeint, wobei Kunst allerdings in einem weiten Sinne zu nehmen ist: nicht nur als das, was an Kunst-, Musik-, Theater- und Literaturschulen geübt wird, sondern auch als Koch-, Behandlungs-, Lehr- und Staatskunst etc.

versprachen? Offenbar weil damit keine moralinsaure Pflicht-erfüllung gemeint war, sondern eine besondere Art von Frei-raum: einer, der aus Sachverstand hervorgeht und sich über ihn hinaus öffnet; einer, in dem sich jene Herausforderungen des menschlichen Zusammenlebens stellen, die weder allein durch Sachverstand noch ohne ihn zu bewältigen sind; Her-ausforderungen, die auch den Erfahrensten immer wieder an den Nullpunkt bringen. Wer in einer heiklen Situation um-sichtig, besonnen und mutig war, hat kein Abonnement dar-auf, es auch in der nächsten zu sein. Reden und Handeln mit Mut und Augenmaß läßt sich zwar lernen, aber nicht ein für allemal, und vor allem: nicht separat. Es kann nur *mit*gelernt werden, wo Sachverstand erworben wird.

Tugend verhält sich zu Sachverstand wie der Mitlaut zum Selbstlaut. Sie ist dasjenige, worauf der ganze menschliche Lernprozeß hinauslaufen sollte – und doch bloß etwas, was Lernenden unter glücklichen Umständen gewissermaßen als Bonusmaterial zufällt. Bonusmaterial bekommt man nicht se-parat. Tugend kann nicht direkt gelehrt werden. Deswegen sind die Sophisten, die das zu tun behaupten, Schaumschläger. Dennoch ist Tugend nicht unerreichbar. Wer aus Sachkenntnis das Ungenügen des Sachverstands verspürt und sich angetrie-ben fühlt, über ihn hinauszudenken – und genau davon han-deln die Dialoge des jungen Platon –, der gerät ins Kraftfeld der Tugend. Tugend ist nichts, was man «hat», wohl aber et-was, woran man teilhaben kann. Wer tatsächlich zur rechten Zeit umsichtig, besonnen, mutig und gerecht handelt und spricht, erfüllt nicht bloß Pflichten, befolgt nicht bloß Regeln, ist nicht bloß geschickt oder kompetent. Er erhebt sich über eine bestimmte Art innerer und äußerer Widerstände – und erlebt das damit verbundene Hochgefühl.

Wie fern ist uns doch das alte Athen. Die hochgelobte «attische Demokratie» war faktisch ein patriarchal organisierter Stadtstaat. Er wurde von einer dünnen Oberschicht freier Männer gelenkt. Platons Dialoge spielen allein in dieser Oberschicht. Nur gelegentlich tauchen Frauen, Kinder, Sklaven am Rand auf. Sie hatten im Gemeinwesen nichts zu melden. Was hat diese versunkene Welt mit den hochkomplexen, hochtechnisierten Demokratien des 21. Jahrhunderts und deren Bildungsanforderungen zu tun? Mehr als auf den ersten Blick ersichtlich. Wo es um Sachverstand und Tugend geht, geht es, modern ausgedrückt, um die Grenzen der Kompetenz. Und für «Kompetenz» findet sich im Griechischen eine verblüffend genaue Entsprechung: *epistēmē*. Dies Wort enthält alle Nuancen von «Verstehen»: Wissen, Erkenntnis; Kunde, Erfahrung; Geschicklichkeit, Können, Sach- und Fachkenntnis. Ein *epistēmon* ist einer, der *sich auf etwas versteht*: Er weiß, wie es funktioniert, er hat Erfahrung damit, er kann verständig darüber reden und ist geschickt genug, um es auszuführen. Erst wenn all dies zusammenkommt, ist man im griechischen Sinne für ein Sachgebiet «kompetent». Gerade dieser umfassende Kompetenzbegriff aber ist der aktuellen Bildungsforschung suspekt. Vermengt er nicht, was getrennt gehört? Wissen, Erfahrung, Können sind doch nicht dasselbe – und außerdem Leertitel, solange ihr Inhalt und Umfang nicht haargenau angegeben wird.

«Die Physik und die Biologie der alten Griechen sind heute nur mehr von historischem Interesse (kein zeitgenössischer Physiker oder Biologe würde heute noch Rat bei Aristoteles suchen), während die Dialoge von Platon immer noch von Studenten gelesen werden müssen und so zitiert werden, als verschafften sie uns Einblick in menschliches Verhalten. Aristoteles wäre unfähig, eine Seite aus einem modernen Lehrbuch der Physik oder Biologie zu verstehen, während Sokrates und seine Familie nur wenig Mühe hätten, den aktuellsten Diskussionen über menschliche Probleme zu folgen.» «Natürlich läßt sich immer behaupten, das Verhalten des Menschen sei ein besonders schwieriger Gegenstand.» Doch ist «es tatsächlich einfacher, einen Menschen auf den Mond zu senden, als die Erziehung in unseren Volksschulen zu verbessern»? Um so mißlicher, «daß wir die Methoden der Wissenschaft noch kaum auf menschliches Verhalten angewandt haben».[9]

So klagte Burrhus Frederic Skinner, einer der Pioniere des Behaviorismus, noch 1971. Erstaunlich, in welchem Maße die wissenschaftliche Mit- und Nachwelt diese Klage erhört hat. Der Behaviorismus ist keineswegs, wie vielfach behauptet wird, passé, sondern lebendiger denn je, nur nicht mehr in seiner anfänglichen groben Form. Seine erfolgreichsten Kritiker haben vor allem seine Grobheiten beanstandet und ihn verfeinert. Und angefangen hat er wirklich sehr grob. Sein Namensgeber, John Broadus Watson, hielt alle Psychologie so lange für eine Art Aberglaube oder Religion, wie sie unterstellt, «daß jedes Individuum eine Seele hat, die vom Körper eindeutig verschieden ist».[10] Läßt sich doch nicht einmal nachweisen, daß es besagte seelische, vom Körper unterschiedene Realität überhaupt gibt, geschweige denn überprüfen, ob das, was Menschen ihr seelisches Befinden, ihre Empfindungen, Vorstellungen, Gedanken nennen, wirklich das ist, was in ihnen vorgeht. Psychologie, die seriöse Wissenschaft sein will, muß sich «auf Dinge beschränken, die beobachtbar sind, und Gesetze formulieren, die sich nur auf solche Dinge beziehen. Was

9 Skinner 1973 [1971], 12 f.
10 Watson 1997 [1930], 36. Weitere Seitenzahlen im Text.

aber können wir beobachten? Wir können Verhalten beobachten – das, was der Organismus tut oder sagt.» (39)

Verhalten aber ist Reaktion auf Reize. Ständig sind Organismen Reizen ausgesetzt. Oft reagieren sie darauf sehr diffus. Aber starke Reize bewirken immer wieder die gleiche Reaktion. Die Ratte, die einen Stromschlag bekommt, wenn sie durchs rechte Loch laufen will, steuert von nun an das linke an. Sie hat sichtlich gelernt. Ebenso das Kind, das eine heiße Herdplatte berührte und nun Herdplatten meidet. Manche Reize müssen freilich oftmals wiederholt werden, bis sich Lernerfolg einstellt. So verursachen Klingeltöne keinen Speichelfluß bei Hunden, wohl aber der Anblick des gefüllten Futternapfs. Erst nachdem über längere Zeit regelmäßig beim Darreichen des Futters eine Klingel ertönte, lernen Hunde schließlich, auch Speichel abzusondern, wenn die Klingel läutet, ohne daß Futter kommt. Auch erste Worte werden nicht sofort gelernt. Eine Mutter muß ihrem Kind viele Male die Silbenfolge «Mama» vorsprechen, ehe es sie nachzusprechen vermag. Wann immer aber bestimmte Reize oder Reizgruppen einen Organismus in stets gleicher Weise reagieren lassen, haben sie eine feste Gewohnheit in ihm etabliert – ihn auf ein bestimmtes Verhalten «konditioniert». (46) Wenn man weiß, wie Konditionierung funktioniert, eröffnet sich die Möglichkeit, die Lernprozesse der gesamten Menschheit nach wissenschaftlichen Prinzipien zu steuern. In Watsons Worten: «Das Interesse des Behavioristen am Verhalten des Menschen ist mehr als bloße Neugier – er möchte die Reaktionen des Menschen kontrollieren, so wie die Physiker andere Naturgegebenheiten kontrollieren und manipulieren möchten.» (44)

Ist das Interesse der heutigen Bildungspolitik ein grundlegend anderes? Keineswegs. Zwar haben sich die Methoden verfeinert. Niemand würde Verhalten mehr allein von einer plumpen Reiz-Reaktions-Mechanik aus verstehen wollen. Komplexe Leistungen wie grammatisch richtiges Sprechen oder das Komponieren und Spielen von Musikstücken sind so nicht zu erklären. Das dämmerte schon in den 1940er Jahren einigen aufgeschlossenen Verhaltenspsychologen. Um komplexem Verhalten auf die Schliche zu kommen, taten sie sich mit Linguisten und Informatikern zusammen. So entstand die Kognitionswissenschaft.[11] Sie ist ein verfeinerter Behaviorismus: untersucht nicht nur das Verhalten von Organismen, sondern bezieht auch das von intelligenten Maschinen ein. Wenn Maschinen Antworten geben, die sich von menschlichen nicht mehr unterscheiden lassen; wenn die Elementarteilchen solcher Maschinen ähnlich funktionieren wie Neuronen, nämlich «feuern» oder «nicht feuern», Strom leiten oder sperren; wenn Maschinen auf ihr eigenes Verhalten reagieren, wie der Thermostat, der von selbst die Raumtemperatur regelt: dann agieren Maschinen genauso als informationsverarbeitende Systeme wie Organismen. Je subtiler es gelingt, menschliches Verhalten maschinell zu simulieren, desto verständlicher und steuerbarer wird es. Natürlich würde heute niemand mehr so offen wie Watson bekennen, daß er «die Reaktionen des Menschen kontrollieren und manipulieren» möchte. Aber ändert das etwas an dem überwältigenden Konsens, daß das einzig wissenschaftlich Zugängliche und Überprüfbare am Menschen sein Verhalten sei? Die von allen Bildungseinrichtungen verlangte Qualitätskontrolle ist selbstredend Verhaltenskontrolle.

11 Manche datieren ihren Beginn auf das Symposion der Hixon-Stiftung von 1948, wo unter anderem John von Neumann (Informatik), Warren McCulloch (Informatik und Neurophysiologie) und Karl Lashley (Psychologie) aufeinandertrafen. Andere rechnen von einem Symposion am MIT von 1956 an, wo George A. Miller (Psychologie), Allen Newell und Herbert Simon (Informatik) hervorragten und der junge Noam Chomsky das linguistische Highlight setzte (Gardner 1989 [1985], 22 und 40).

Nur zu behavioristischen Konditionen konnte der Begriff der Kompetenz seine steile Karriere machen. Sie begann in den 1960er Jahren, als er in die Linguistik eingeführt wurde. Läßt sich menschliches Sprachverhalten so formalisieren, daß es maschinell programmierbar wird? Von dieser Frage aus entwarf Noam Chomsky seine berühmte «generative Grammatik»[12]. Als Schüler des französischen Strukturalismus nahm er an, daß in allen menschlichen Sprachen die gleiche grammatische «Tiefenstruktur» (30) steckt. Die wollte er herausfiltern und zeigen, wie sich von ihr aus dank mathematisch formulierbarer Regeln der gesamte grammatische Bestand jeder einzelnen Volkssprache ergibt. Das war mehr als ehrgeizig. Die generative Grammatik sollte formalisieren, was ein mit seiner Muttersprache vollkommen Vertrauter leistet, der all ihre marottenhaften Unregelmäßigkeiten mit ihren Regelmäßigkeiten stets vorbildlich zu kombinieren vermag. Dies Vermögen nannte Chomsky «Sprachkompetenz» (14). Es schwebten ihm dabei «ideale Sprecher-Hörer» (15) vor, die der Semantik und Grammatik ihrer Muttersprache mit allen Eigenarten, allen Regel- und Unregelmäßigkeiten in allen Situationen gerecht werden. Er wußte natürlich, daß es solche Menschen nicht gibt. Auch die größten Sprachkünstler und Quasselstrippen bringen es immer nur zur «Sprachperformanz» (14). So nannte Chomsky das, was von einer Sprache durch Reden, Schreiben, Gestikulieren jeweils konkret dargeboten wird. Sprachperformanz ist ein Verhalten – also nie das Gesamtvermögen einer Sprache, sondern immer nur das, was jemand hier und jetzt ersichtlich daraus schöpft, ohne es je ganz aus-

---

12 Chomsky 1969 [1965], 15. Weitere Seitenzahlen im Text.

zuschöpfen.[13] Bisher hatten Grammatiken konkretes Sprachverhalten immer bloß nachträglich in ein Regelwerk gefaßt. Chomsky hingegen wollte das Regelwerk gleichsam vorschalten: konkretes Sprachverhalten aus dem gemeinsamen grammatischen Nenner aller Sprachen herleiten, diesen Nenner mathematisch formalisieren, computertauglich machen und so schließlich eine idealisierte muttersprachliche Kompetenz, über die keine natürliche Person verfügt, einer Maschine eingeben.

Daß das nicht gelingen konnte, liegt auf der Hand. Die gemeinsame grammatische Tiefenstruktur, die in allen einzelnen Sprachen immer schon steckt, ist nicht minder ein metaphysisches Gespinst als Platons Ideen, an denen die konkreten Sinnendinge immer schon teilhaben. Chomsky agierte als linguistischer High-Tech-Platoniker. Er setzte auf eine Grammatikalität als solche, bestehend aus «formalen Universalien» (47), die als strukturierende Tiefenkräfte wirken und die konkreten Grammatiken aller einzelnen Sprachen ähnlich generieren sollten wie die platonischen Ideen die Sinnenwelt. Doch wie die höhere Zeugungskraft, die Platon den Ideen angedichtet hatte, sich nie beweisen ließ, so versetzten auch die modernsten linguistisch-mathematischen Mittel Chomsky nicht in die Lage, formalen grammatischen Universalien Generierungskraft anzuzaubern. Die Übersetzung der idealen Sprachkompetenz in maschinelle Realkompetenz kam trotz mehrerer Anläufe und enormer Vorschußlorbeeren, die der kybernetische Hype der 1960er Jahre ihr bescherte, nicht voran.

---

13 Chomsky bezieht sich hier ausdrücklich aufs Französische (14). Das, was von einer Sprache artikuliert oder aufgeschrieben wird, heißt dort *parole;* der sprachliche Bestand, von dem alles Artikulieren und Aufschreiben zehrt, heißt *langue.*

Es wurde still um die generative Grammatik. Was von ihr zurückblieb, war der Begriff der Sprachkompetenz. Er behielt seine Faszination – gerade weil er ein Ideal darstellte, das mit der Verheißung maschineller Realisierbarkeit verbunden war. Als Erinnerungsmal einer ungestillten kybernetischen Utopie begann er nun wie ein Vermächtnis zu wirken. Wenn Kompetenz sich nicht transformationsgrammatisch herstellen läßt, wie dann? Vielleicht durch guten Unterricht in der Muttersprache? Das war ein Ausweg. Sprachkompetenz verwandelte sich alsbald in ein schulisches Lernziel, und um es gut erreichbar zu machen, empfahl sich seine Zerlegung in diverse Unterziele wie sprachlogische, strategische oder psycholinguistische Kompetenz.[14] Der Sprachkompetenz wurde eine «Handlungskompetenz»[15] zur Seite gestellt, diese wiederum in «Selbstkompetenz», «Sachkompetenz» und «Sozialkompetenz» unterteilt, aber zugleich auf ein Gesamtziel ausgerichtet, nämlich «Mündigkeit als Kompetenz für verantwortliche Handlungsfähigkeit».[16]

Der Kompetenzbegriff begann wie ein Virus umzugehen und in alle Richtungen semantisch zu streuen. Jede einzelne Lernleistung ließ sich als Kompetenz beschreiben, aber auch gesamtgesellschaftliche Zielbegriffe wie Mündigkeit, Freiheit, Autonomie schienen durch Kompetenzterminologie eine schärfere Kontur zu bekommen. Schon in den 1950er Jahren hatte der Behaviorismus damit begonnen, alles Lernverhalten in möglichst kleine Schritte zu unterteilen und genau zu umschreiben. Kognition etwa sollte sich aufbauen aus Wissen–Verstehen–Anwenden–Analyse–Synthese–Evaluation. Jedes dieser Elemente galt als Lernziel und seine Erreichung als

14 Nodari 2002, 9 ff.
15 Volpert 1974, 41.
16 Roth 1971, 180.

Qualifikation. Doch klang das Wort «Qualifikation» nicht zu technisch, zu «eng auf Anforderungen von Berufen oder Tätigkeiten bezogen» und zu wenig auf «allgemeine Dispositionen von Menschen zur Bewältigung bestimmter lebensweltlicher Anforderungen»?[17] Der ganze Mensch sollte doch einbezogen werden. Zudem war es viel schmeichelhafter, für etwas kompetent zu sein statt bloß qualifiziert, wie es auch anerkennender klingt, wenn eine Putzfrau Raumpflegerin heißt. An ihrer Tätigkeit ändert sich dadurch nichts. Auch an Qualifikationen ändert sich nichts, wenn man sie Kompetenzen nennt. Sie bleiben ein gewünschtes Verhalten, das es so exakt wie möglich zu umschreiben gilt. Und so begann die Bildungspolitik in den 1990er Jahren sämtliche Lernziele und Qualifikationen in Kompetenzen umzutaufen. Das half der Akzeptanz ihrer behavioristischen Maßnahmen.

Unter Kompetenz hatte Chomsky ein Vermögen verstanden, aus dem das jeweils dargebotene Verhalten schöpft. Nun wurde dies Verhalten, das bei Chomsky «Performanz» heißt, selbst «Kompetenz» getauft, der Kompetenzbegriff gewissermaßen auf den Kopf gestellt. Und erst dieser behavioristisch umgestülpte, mit Performanz verwechselte Kompetenzbegriff bot etwas, was der Kultusbürokratie wie gerufen kam: ein einheitliches Effizienzkriterium, auf das sie ihren gesamten Haushalt zuschneiden konnte. In Zeiten immer knapper werdender öffentlicher Mittel, so ihr Tenor, sind Bildungsausgaben nur noch zu rechtfertigen, wenn sie der Herstellung und Sicherung überprüfbarer Kompetenzen dienen – und Bildungsforschung nur noch, wenn sie valide Prozeduren entwickelt, durch die besagte Kompetenzen tatsächlich überprüfbar und meßbar werden.

17 http://de.wikipedia.org/wiki/Kompetenz_(Pädagogik), 25.5.2015.

So ist der Kompetenzbegriff buchstäblich zum Retter in der Not geworden. Er hilft Kultus- und Wissenschaftsministerien, dem Druck des Finanzministeriums auf den Bildungsetat standzuhalten, und er verhilft der Bildungsforschung zu ihrer epochalen Aufgabe: sämtliche Bildung in Kategorien der Herstellung und Sicherung genau überprüfbarer Kompetenzen zu reformulieren. Wer wollte bei diesem Großunternehmen im Dienste der Bildungseffizienz nicht dabei sein? Die Deutsche Forschungsgemeinschaft legte prompt ein millionenschweres Langzeitprogramm «Kompetenzmodelle zur Erfassung individueller Lernergebnisse und zur Bilanzierung von Bildungsprozessen»[18] auf. Und wofür soll es gut sein, sämtliche Lernleistungen präzise beschreibbar und meßbar zu machen? Natürlich «für die Optimierung von Bildungsprozessen und für die Weiterentwicklung des Bildungswesens», beteuern die Programmleiter, zumal die «Bildungspraxis und Bildungspolitik häufig unterschätzt, wie anspruchsvoll die empirische Erfassung von Kompetenzen» ist. Das Programm verspricht «neue Perspektiven und eine neue Qualität für die Messung von Lernvoraussetzungen und Lernergebnissen». Um so beharrlicher verschweigt es, wozu der ganze Messungsaufwand betrieben wird. Je genauer Lernleistungen meßbar werden, desto besser lassen sie sich umrechnen. Wissenschaftlich modellierte Kompetenzen sind geldwerte Leistungen, Äquivalente für bestimmte Jobs, Karrieren, Gehaltskurven. Ihre Katalogisierung hilft nicht nur den Kultus- und Wissenschaftsministerien, sondern auch der Agentur für Arbeit, der Hauptdrehscheibe für Angebot und Nachfrage nach Kompetenzen.

18 Klieme u. a. 2010, 9.

Hier allerdings kommt die Kompetenzmodellierung kaum hinterher. Braucht doch der Arbeitsmarkt immer weniger von starren Sach- und Fachkompetenzen, die sich relativ leicht umschreiben lassen, und immer mehr von jenen Flexibilitätskompetenzen wie Team-, Vernetzungs- und Innovationsfähigkeit, zu denen gerade gehört, begrifflich schwer fixierbar zu sein. Doch wer A sagt, nämlich daß Lernleistungen nicht länger durch wenige starre, kahle Zahlen bewertet werden sollen, sondern durch ein bewegliches «Monitoring», das individuelle Entwicklung differenziert abbildet, der kommt schlecht umhin, auch B zu sagen. Warum sollte er die Erarbeitung von Methoden zur Feinmessung des Kompetenzzuwachses ablehnen, die ein solches Monitoring doch gerade ermöglichen und beweglichen Coaching-Teams gestatten sollen, jeden Lernenden ebenso individuell wie wissenschaftlich validiert in ausführlichen Gutachten zu beurteilen? Prechts Bildungsrevolutionsprogramm und das Kompetenzmodellierungsprogramm der Deutschen Forschungsgemeinschaft verhalten sich zueinander wie poetischer Entwurf und prosaische Ausführung. Sie sprechen nicht dieselbe Sprache, aber sie dienen demselben Ziel: der Etablierung des zeitgemäßen Kompetenzdesigns nach dem Ende des Gleichschritts.

Zunächst mag die Bildungspolitik eine flächendeckende Kompetenzmodellierung tatsächlich vorrangig zur «Optimierung von Bildungsprozessen» in Auftrag gegeben haben. Inzwischen braucht sie sie immer mehr zur eigenen Orientierung. Woran soll sie sich bei ihrer Mittelvergabe halten? Nur wissenschaftlich modellierte Kompetenzen rechtfertigen, daß man in sie investiert. Deshalb muß man erst einmal in wissenschaftliche Kompetenzmodellierung investieren. Das leuchtet Finanzministerien noch am ehesten ein. Je mehr aber modelliert wird, um so offenkundiger wird, daß kein Ende in Sicht ist. Die Deutsche Forschungsgemeinschaft könnte endlos weitermodellieren lassen. Zum einen, weil

Flexibilitätskompetenzen immer dominanter werden und die Kompetenzlandschaft ständig verändern. Zum andern, weil noch jedes einfache Verhalten, das sich als Kompetenz darstellt, wiederum in Teile zerlegbar ist. Selbst das Beherrschen des kleinen Einmaleins fällt nicht vom Himmel. Man muß erst einmal bis drei, bis fünf, bis zehn zählen können. Auch das sind Teilkompetenzen, und was muß man nicht alles schon können, um zählen zu können, zum Beispiel die Hand heben und Zeige- und Mittelfinger gemeinsam strecken. Je genauer man Kompetenzen umschreiben will, desto mehr drängt sich ihre Zerteilung in Unterkompetenzen auf. Wo aber endet die eine Kompetenz, wo beginnt die nächsthöhere?

Bei Zahlen mag man schnell einig werden; das Dezimalsystem gibt gewisse Kompetenzstufen selbst schon vor: den Umgang mit Einern, Zehnern, Hundertern etc. Aber wie stuft man Lesekompetenz ab? Was macht in der zweiten, in der vierten, in der sechsten Klasse einen einfachen, einen anspruchsvollen, einen komplexen Text aus, wann darf er als verstanden gelten, wann als sinnvoll angewendet, wann als niveaugemäß reflektiert, und warum soll man nur drei Schwierigkeitsgrade unterscheiden und nicht fünf oder sechs? Zur Lösung solcher Grenzprobleme dient das Cut-Score-Verfahren.[19] Es ermittelt, wie man an der richtigen Stelle den Schnitt setzt. Einzelne können sich bei der Abgrenzung von Kompetenzen immer vertun. Aber wenn ein Panel von Experten zusammentritt, seine verschiedenen Abgrenzungen diskutiert, modifiziert und zu einem Durchschnittswert zusammenrechnet: winkt da nicht ein Höchstmaß an Objektivität? So mag das schlichten statistikgläubigen Gemütern scheinen. Doch je nach dem, wie ein Panel zusammengesetzt ist (wie viele Teil-

19 Klieme u. a., 2010, 176.

nehmer; nur Lehrkräfte oder auch Vertreter der Fachdidaktik, Psychometrie und Bildungsadministration?), an welchem Beispielmaterial es Grenzfälle darstellt, wie lange es seine Standpunkte durch Diskussion an- und abgleicht und wann es sie zusammenrechnet, ergeben sich natürlich ganz unterschiedliche Schnitte. In ihre aufwendige Ermittlung gehen reichlich unreflektierte Zufälligkeiten ein. Heraus kommen nie mehr als statistische Mittelwerte, die sich von faulen Kompromissen oder ungedeckten Hochrechnungen nicht scharf abheben. Das stört aber weder die Teilnehmer solcher Expertenpanels noch ihre Abnehmer, die Bildungsbehörden. Sie begrüßen Cut-Score-Resultate als wissenschaftlich validierte Grenzziehungen und stehen schon bereit, sie in verbindliche Lehrpläne und Richtlinien umzusetzen.

Operationalisierung

Kompetenzmodellierung ist eine unendliche Aufgabe. Das war schon in den 1970er Jahren absehbar, als man statt von Kompetenzen noch von Lernzielen und Qualifikationen sprach. Deren genaue Beschreibung nannte man Operationalisierung. Sie verlangte «die Aufnahme verhaltenswissenschaftlicher Begriffe und Einsichten in den Bildungskanon»[20]. Das verstand sich damals noch nicht von selbst. Das behavioristische Mantra, das einzige exakt Faßbare am Menschen sei sein Verhalten, mußte sich in der Pädagogik erst noch durchsetzen. Dann aber führte es zu einem regelrechten Operationalisierungsboom. Dessen dürftige Anfangsergebnisse schoben die Fachleute auf das vorläufige Fehlen einer «Technik des Operationalisierens, die selbst kontrollierbar gehalten

---

20 Robinsohn 1975, 45 und 18.

ist»; «das Operationalisieren ist noch nicht operationabel gemacht worden».[21] Dabei lag schon damals auf der Hand, daß es nie operationabel werden wird, weil Qualifikationen sich allein durch die Inhalte ausdrücken lassen, die für die Qualität sorgen. «Davon abgelöst ist Qualifikation *überhaupt nichts.*» «Es gibt nur eine Möglichkeit, eine Qualifikation exakt und eindeutig zu definieren: durch die sachlich vollständige Entfaltung des Gegenstands, der sie zu einer Qualifikation macht.»[22]

Daran hat sich in den letzten dreißig Jahren nichts geändert, auch wenn man heute statt Qualifikationsoperationalisierung Kompetenzmodellierung sagt. Wenn dennoch emsig weiter operationalisiert und modelliert wird, so deshalb, weil man sich dadurch die «vollständige Entfaltung des Gegenstands» ja gerade ersparen will. Wer wäre denn sachlich und zeitlich in der Lage, immer gleich ein ganzes Sachgebiet offenzulegen? Das ist nicht nur unmöglich, sondern oft auch unnötig. Wer etwa seinem Freund einen bestimmten Arzt als «umsichtigen Praktiker» empfiehlt, der sich Zeit für seine Patienten nehme, hat damit weder angegeben, wieviel Zeit der Arzt sich nimmt, noch worin seine Umsicht besteht und welche Tätigkeiten ihn als Praktiker ausweisen; und doch kann sich der Freund eine Vorstellung von diesem Arzt machen. Kompetenzprofile sind Orientierungsmarken. Sie bündeln und verallgemeinern individuelle Erfahrungen, aber so, daß die Erfahrungen anderer Individuen daran andocken können. Orientierungsmarken sehen von zahllosen Details ab. Sie haben einen hohen Abstraktionsgrad, aber gerade deswegen sind sie Angelpunkte zwischenmenschlicher Verständigung, die gleichwohl jeder mit einer ganz eigenen Wolke von Asso-

21 Meyer 1972, 85.
22 Türcke 1986, 22 f.

ziationen umgibt. Ein Wort «heftet» Empfindungen und Vorstellungen, die jeder nur für sich allein hat, gleichwohl zusammen.[23]

Für Kompetenzprofile gilt das in besonderem Maße. Nur darf man nicht glauben, sie könnten ihre Abstraktheit je loswerden. Wenn ich meinem Freund über den empfohlenen Arzt noch diverse Informationen nachreiche, etwa eine Liste seiner Verschreibungen oder die durchschnittliche Verweildauer der Patienten in seinem Sprechzimmer, so weckt das eher Mißtrauen, als daß es meine Empfehlung glaubwürdiger macht. Wichtiger ist, *wer* sie gegeben hat. Wenn ein Freund, mit dem man viele Einschätzungen teilt und auf dessen Urteil man deshalb etwas gibt, einen Arzt als «umsichtigen Praktiker» bezeichnet, stellt sich ein weit plastischeres Assoziationsfeld ein, als wenn etwa der Postbote das tut. Der Abstraktionsgrad von Orientierungsmarken hängt auch davon ab, wer sie verwendet. Doch erst der Besuch beim Arzt sorgt für die konkrete Erfahrung, die die Abstraktion «umsichtiger Praktiker» auf die Probe stellt. Jede Kompetenzbeschreibung weckt Vorstellungen und Erwartungen; keine versichert gegen Enttäuschungen.

Im Jahre 1868 wurde an der Basler Universität der Lehrstuhl für griechische Sprache und Literatur frei. Man bat den Nestor der deutschen Altphilologie, Friedrich Ritschl aus Bonn, um eine Empfehlung für die Nachfolge. Er antwortete: «So viele junge Kräfte ich auch seit nunmehr 39 Jahren unter meinen Augen sich habe entwickeln sehen: noch *nie* habe ich einen jungen Mann gekannt, resp. in meiner discipline nach meinen Kräften zu fördern gesucht, der *so* früh und *so* jung *so* reif gewesen wäre, wie diesen Nietzsche … Bleibt er, was Gott gebe, lange leben, so prophezeie ich, daß er dereinst im vor-

23 Humboldt 1973 [1806], 10.

dersten Range der deutschen Philologie stehen wird. Er ist jetzt 24 Jahre alt: stark, rüstig, gesund, tapfer von Körper und Charakter, recht gemacht, um ähnlichen Naturen zu imponieren. Dazu besitzt er eine beneidenswerte Gabe so ruhiger wie gewandter und klarer Darstellung in freier Rede.» «Der Schwerpunkt seiner Studien lag bisher in griechischer Literaturgeschichte (natürlich incl. kritischer und exegetischer Behandlung der Autoren), mit besonderer Betonung, wie mir scheint, der Geschichte der griechischen Philosophie. Aber es ist mir gar kein Zweifel, daß, wenn ein praktisches Bedürfnis an ihn herantritt, er bei seiner großen Begabung auch in andere Gebiete sich mit Erfolg einarbeiten werde.» «Irre ich mich nicht, so wird er auch ein vortrefflicher Gymnasiallehrer sein.»[24]

Das genügte. Wenn ein Grandseigneur seines Fachs eine Kompetenzbeschreibung gab, und sei es auch bloß in brieflicher Form, dann war jede weitere Kompetenzmodellierung überflüssig. Er stand mit seiner Reputation als Forscher und Lehrer für sein Wort ein; da mußte nicht erst auseinandergelegt werden, worin die Frühreife des Kandidaten und seine Eignung zu «kritischer und exegetischer Behandlung der Autoren» bestand. Friedrich Nietzsche wurde berufen – ohne jeden Studienabschluß. Ist die Universität Basel schlecht damit gefahren? Nun, Ritschls Hauptvoraussage ging fehl. Nietzsche stieg keineswegs zum «vordersten Range der deutschen Philologie» auf. Auch «stark, rüstig, gesund» blieb er nicht lange, mußte nach einem knappen Jahrzehnt die Lehrtätigkeit aufgeben und kostete die Universität fortan bloß noch eine Berufsunfähigkeitsrente. Dennoch hätte sie schwerlich etwas Besseres tun können, als Ritschls Empfehlung zu folgen. Sie gab einem der kühnsten Geister des 19. Jahrhunderts

24 Janz 1981, 254ff.

eine unschätzbare Entfaltungsbasis und profitierte einige Jahre von seiner kollegialen Ausstrahlung und Lehrkapazität. Mit andern Worten: Sie handelte souverän, nach heutigen Kompetenzmodellierungs- und Berufungskriterien freilich unverantwortlich. Ohne Kompetenzprofil für die zu besetzende Stelle, ohne Berufungskommission, ohne eine Mehrzahl von Gutachtern entschied sie sich für einen Studenten. Skandalös!

So geht das heute natürlich nicht mehr auf dem großen anonymen bürokratisierten Arbeitsmarkt. Firmen, Behörden und Institutionen kommen nicht umhin, ihren Bedarf an Arbeitskräften öffentlich zu artikulieren, wenn sie funktionsfähig bleiben wollen. Ausbildungsstätten müssen diesen Bedarf im Blick haben, wenn sie den Auszubildenden eine berufliche Perspektive geben wollen. Orientierungsmarken, wie Qualifikations- oder Kompetenzprofile sie darstellen, sind für den Austausch zwischen Schul- und Arbeitswelt schlicht unerläßlich. Dennoch bleiben sie stets abstrakte Notbehelfe – gewissermaßen Skizzen. Man mag ein so simples Item wie «einen einfachen Text mit eigenen Worten wiedergeben können» durch den Wolf aufwendiger Cut-Score-Verfahren drehen und wird am Ende doch nicht definitiv sagen können, was «einfach» heißt und ab wann es tatsächlich eigene Worte waren, in denen der Text wiedergegeben wurde, und nicht nur nachgesprochener Text mit ein paar unbeholfenen Füllwörtern. Das liegt an der Natur der Skizze. Sie ist dazu da, dem Vorstellungsvermögen sowohl einen Anhalt als auch einen Freiraum zu geben. Ein Minimum wohlgesetzter Striche muß sie schon haben, sonst bietet sie der Vorstellung keinen Reiz zur Entfaltung. Hat sie aber zu viele Striche, so gibt sie nicht etwa ein vollständiges Bild, sondern wird unübersichtlich und lähmt die Vorstellung. Der Glaube, mit den Mitteln der Skizze lasse sich die Skulptur selbst modellieren, ist ein Münchhausenstück – als ob eine Abstraktion in der Lage wäre, sich an ihren spärlichen Haaren selbst aus dem Sumpf ihrer Vagheit ziehen; als ob die abstrakten Notbehelfe, welche Kompetenzprofile nun einmal sind, sich durch methodologische Klimmzüge in konkrete wissenschaftliche Präzisionsgebilde verwandeln ließen.

Bildungsrichtlinien

In dies Münchhausenstück steckt eine Bildungspolitik, die auf nichts so bedacht ist wie Einsparungen, Steuergelder in Millionenhöhe. Merkt sie nicht, was sie da tut? Das ist leichter gefragt als beantwortet. Merkte die Finanzwelt nichts von dem Crash, auf den sich die globale Wirtschaft im Jahre 2007 zubewegte? Natürlich deutete vieles auf eine Überhitzung des Baumarkts hin, aber im Sog eines globalen Baubooms gab es auch genügend Gegenanzeigen, und was man bemerkt und was man ausblendet, hängt in hohem Maße davon ab, wie tief man selbst in einem ökonomischen Sog steckt. So auch im Bildungssektor. Hat man zur Maximierung von Effizienz erst einmal auf Kompetenzmodellierung gesetzt, ist man auch an sie gebunden, zumal wenn man für die Leistungsfähigkeit von Bildung gar kein anderes Kriterium mehr hat als Kompetenzgenerierung. Die Bildungspolitik ist damit in die Falle getappt, in der Unternehmen sitzen, die ihren ganzen Betrieb auf eine einzige Produktpalette eingestellt haben. Wenn diese Palette sich nicht sogleich rentiert, aber auch keine Alternative in Sicht ist, was wird das Unternehmen tun? Darauf setzen, daß sie sich langfristig doch bewährt – und die Ausgaben für sie erhöhen: ein verbessertes Produktdesign anstreben und den Werbeetat aufstocken. Bildungspolitisch heißt das: Mehr Geld in Kompetenzmodellierung stecken, mit mehr Tagungen und Hochglanzbroschüren den Eindruck verbreiten, daß hier ein verheißungsvolles Langzeitprojekt läuft. Je abhängiger die

Wirtschaftskraft von Software wird, desto modellierungsbedürftiger werden auch die so schwer faßbaren neuen *soft skills:* Teamfähigkeit, soziale, kommunikative, mediale Kompetenz. Für deren präzise Erfassung kann man gar nicht genug Forschungsgelder ausgeben.

Dieser *soft turn* hat sich in den Bildungsstandards, die etwa die deutsche Kultusministerkonferenz verbindlich vorgibt, längst niedergeschlagen – bis in die Grundschule hinein. Schon dort soll «eine Unterrichtskultur» entstehen, «die eine aktive Verarbeitung und nachhaltige Durchdringung der Unterrichtsgegenstände durch die Schülerinnen und Schüler in den Vordergrund rückt. Anstelle von trägem Wissen, das die Schülerinnen und Schüler nur zur Beantwortung von eng begrenzten und bekannten Aufgabenstellungen nutzen können, soll vernetztes Wissen entwickelt werden, welches zur Bewältigung vielfältiger Probleme angewendet werden kann.» Träge Schüler und Lehrer: die gibt es. Wissen hingegen ist weder träge noch rege, weder kalt noch heiß, weder schwarz noch weiß, sondern eine vielfältig nutzbare und entwicklungsfähige Potenz. Die Unterscheidung von «trägem» und «vernetztem» Wissen ist nicht klüger als die von großen und grünen Körpern. Sie dient keiner Einsicht, sondern plumper Reklame für «die stärkere Hinwendung zu einem Unterricht, der Gelegenheiten zur simultanen Steigerung der kommunikativen, literarisch-ästhetischen und methodischen Kompetenzen bereitstellt».[25]

Gelegentlich muß man dieses Richtliniengeschwafel wörtlich zitieren, um ein Gefühl für seine Nähe zur Lifestylewerbung zu bekommen. Der Schreiblehrgang zum Beispiel empfiehlt, in der Anfangsphase ‹‹Rechtschreibung› und ‹freies Schreiben› als eigenständige Teilkompetenzen zu behandeln».

25 Bildungsstandards Deutsch, 2015, 3.

«Freies» Schreiben steht dabei nicht etwa für einen frei formulierten Aufsatz oder Tagebuchaufzeichnungen, sondern für das Stadium, wo Kinder erst einmal Buchstaben nach Gehör malen und sich um Rechtschreibung noch gar nicht kümmern sollen. Nach einiger Zeit sollen sie dann umsteuern, verlernen, was sie sich gerade erst angewöhnt haben, lernen, was ihnen kurz zuvor noch nicht zuzumuten war, und nach vier Jahren soll ihr orthographisches Kompetenzprofil so aussehen: Sie «verfügen über grundlegende Rechtschreibstrategien. Sie können lautentsprechend verschriften und berücksichtigen orthografische und morphematische Regelungen und grammatisches Wissen. Sie haben erste Einsichten in die Prinzipien der Rechtschreibung gewonnen. Sie erproben und vergleichen Schreibweisen und denken über sie nach. Sie gelangen durch Vergleichen, Nachschlagen im Wörterbuch und Anwenden von Regeln zur richtigen Schreibweise. Sie entwickeln Rechtschreibgespür und Selbstverantwortung ihren Texten gegenüber.»[26]

Der Zehnjährige als verantwortungsbewußter Rechtschreibstratege, der orthographische und grammatische Regeln immerhin «berücksichtigt» und alle Wörter, die er nicht richtig schreiben kann, nachzuschlagen vermag: sein Profil gibt allzu deutlich zu verstehen, wie das mit dem «trägen» und «vernetzten» Wissen gemeint ist. Wissen, wie man richtig schreibt, ist träge – Ergebnis von Drill und Gleichschritt. Hingegen Rechtschreibregeln «berücksichtigen», ständig nachschauen (im Klartext: anklicken), «Schreibweisen» (welche denn?) «erproben und vergleichen»: das ist vernetzt, verantwortungsbewußt, kreativ. Und als besonders effizient und gerecht gelten sogenannte Lückensatzdiktate. «Unterschiede im Schreibtempo fallen kaum ins Gewicht.» «Der Schreibaufwand ist be-

26 Bildungsstandards Deutsch, 2013, 2, 8 und 4.

grenzt, was insbesondere für schwächere Schreiberinnen und Schreiber hilfreich ist.» «Das Schreiben von (nahezu) sicher beherrschten Wörtern wie Artikeln und Pronomen entfällt.» «Die Aufmerksamkeit kann der Orthografie ungeteilt gelten. Aufwändigere Gedächtnisleistungen wie bei Textdiktaten spielen keine Rolle.» Hier wird offen eingestanden, daß eine Routine des Schreibens, ohne die keine Rechtschreibung Wurzeln schlagen kann (ein einmal richtig geschriebenes Wort ist noch längst nicht festes Repertoire), erst gar nicht mehr erstrebt wird. Besonders den «schwächeren Schreibern» wird, angeblich um sie nicht zu benachteiligen, diese Routine vorenthalten. Und wenn sie in einem Schreiblehrgang, der ihnen vornehmlich Lückentexte vorlegt, damit sie ja nichts schreiben müssen, was sie schon können, dennoch nicht vorankommen und über das Schreiben nach Gehör nur wenig hinausgelangen, dürfen sie sich doch immerhin zu den «freien Schreibern» zählen.

In Molières *Bürger als Edelmann* gesteht der neureiche Herr Jourdain seinem Philosophielehrer: «Ich bin verliebt, und zwar in eine hochvornehme Dame, und da wäre es mir gar lieb, wenn Sie mir behilflich sein wollten. Ich möchte ihr in einem Briefchen ein paar Worte schreiben und es ihr dann zu Füßen fallen lassen.» «Wollen Sie ihr in Versen schreiben?» Das überfordert den Herrn. «Dann wünschen Sie also nur Prosa?» Weder noch, ist die Antwort. Der Philosoph entgegnet: «Eins von beiden muß es doch wohl sein, [...] weil man sich nur in Prosa oder in Versen ausdrücken kann. [...] Alles, was nicht Prosa ist, sind Verse, und alles, was nicht Verse sind, ist eben Prosa.» «Und wenn man so ganz wie sonst miteinander redet, was ist das dann?» «Prosa.» «Was Sie nicht sagen! Wenn ich also sage: ‹Nicole, bring mir meine Pantoffeln und gib mir meine Schlafmütze›, so ist das Prosa?» «Freilich, Herr Jourdain.» «Da sieh mal einer! Seit mehr als vierzig Jahren rede ich nun schon Prosa, ohne daß ich's ahnte! Ich bin Ihnen äußerst verbunden, daß Sie mir das klargemacht haben.»[27] Ähnlich machen heutige Bildungsstandards klar, daß Schulkinder, sobald sie Buchstaben malen, Rechtschreibstrategen und freie Autoren sind, ohne daß sie oder ihre Eltern das ahnten. Das Schmeichelvokabular, das Molière höhnend über einen aufgeblasenen Neureichen ausgoß, schmiert inzwischen amtliche Bildungsrichtlinien. Beflissene Schul- und Seminarleiter sprechen es nach und üben Lehrer und Referendare in den neuen Jargon ein.

Die Standards des Sprachunterrichts sind keine Ausnahme. In Mathematik geht es nicht etwa erst einmal darum, richtig zählen zu lernen, sondern vorab um den «vernetzten Charakter der Mathematik», also um «prozessbezogene Kompetenzen»: «selbst oder gemeinsam Probleme mathematisch zu lösen, über das Verstehen und das Lösen von Aufgaben zu kommunizieren, über das Zutreffen von Vermutungen oder über mathematische Zusammenhänge zu argumentieren, Sachsituationen in der Sprache der Mathematik zu modellieren und für die Bearbeitung von Problemen geeignete Darstellungen zu ersinnen oder auszuwählen». Das klingt eher nach Hauptstudium Mathematik als nach Grundschule. Und wie geht mathematisches Modellieren bei Zehnjährigen? Etwa so: «Tina und Esther sammeln Fußball-Bilder. Zusammen haben sie 25 Bilder. Tina hat 7 Bilder mehr als Esther. Wie viele Bilder hat Esther?»[28]

Ja, da muß man nachdenken und die Zahlen, die es zu addieren und subtrahieren gilt, erst einmal herausfinden, also die Aufgabe selber zusammenstellen («modellieren»). Das ist für Grundschüler nicht einfach; nur wenige schaffen es. Aber damit auch diese wenigen ja nicht zu viel modellieren müssen,

27 Molière 1976 [1670], 782 f.
28 Bildungsstandards Mathematik, 2013, 2 f. und 14.

44

werden sogleich vier mögliche Antworten mitgeliefert, die Zahlen 7, 9, 16 und 18. Um zu bemerken, daß 7 und 18 nicht in Frage kommen, muß man nicht modellieren können. Bleiben 9 und 16. Selbst wer nicht gewahr wird, daß diese beiden Zahlen bereits verraten, wie die 25 Bilder auf die beiden Mädchen verteilt sind, wird sich wahrscheinlich an die Vorgabe erinnern, daß Esther weniger Bilder hat – und es vorziehen, die kleinere Zahl zu markieren. Die Lösung ist schon vorgekaut, das ganze Gerede vom Argumentieren über mathematische Zusammenhänge und Ersinnen geeigneter Darstellungen bloß darübergestülpt. Modellieren heißt faktisch ankreuzen. Was im Sprachunterricht der Lückentext, ist in der Mathematik der Multiple Choice. Die Lücke richtig ausfüllen oder die richtige Lücke ausfüllen: darauf kommt es bei schriftlichen Leistungen vorrangig an. Eingeübt wird Lückenfüllermentalität.

Niveausenkungsdruck

Die aktuellen Bildungsstandards verordnen von höchster Stelle Niveausenkungen, die sie wie des Kaisers neue Kleider ausbieten. Das tun sie aber nicht aus Spaß oder um in der schönen neuen Welt der Flexibilität nun auch einmal die Zügel etwas lockerer zu lassen, sondern unter diffusem globalem Flexibilitätsdruck. Je größer die Flexibilität, desto ungreifbarer dieser Druck. Wird er von Auftraggebern, Vorgesetzten, Kunden ausgeübt, oder geben sie ihn nur weiter, weil sie selber unter Druck stehen? Auch die andauernden Nachrichten der vielen Facebook-Freunde setzen unter Antwortdruck. Es sind Reize, die Reaktionen auslösen; ganz behavioristisch. Nicht antworten ist auch eine Reaktion; eine Erwartung, wie klein sie auch sei, wird ignoriert.

Kommt der Erwartungsdruck vom Medium oder von den Personen, kommt er von außen, wirkt er von innen? Das ist immer schwieriger auseinanderzuhalten. Aber je mehr sich die Kommunikation elektronisch vernetzt, desto spürbarer wird die Drohung, die dieser Druck enthält: Wer ihm nicht standhält, wird abgehängt. Das droht Ländern, Firmen, Individuen gleichermaßen. Die Angst davor treibt die Bildungspolitik voran. Nur Länder, deren Schul- und Hochschulabsolventen für den mikroelektronischen Kapitalismus gerüstet sind, werden international mithalten können. So lautet die Befürchtung. Und an sie hat sich eine Folgerung mit noch unabsehbarer Sogwirkung geknüpft: Am besten wird gerüstet sein, wer von klein auf in die zukunftsträchtigen *soft skills* eingeübt ist und von all dem Ballast, für den es intelligente Software gibt, befreit wird. Kopfrechnen? Das erledigen Taschenrechner. Einstein war übrigens auch kein guter Rechner; seine bahnbrechenden Theorien verdanken wir seiner kreativen Phantasie, nicht seinen Rechenleistungen. Schreibroutine? Erübrigt sich durch die Kopiertaste. Orthographie? Dafür sorgen Rechtschreibprogramme. Vokabeln lernen? Ein Stumpfsinn. Wortschatz und grammatisches Verständnis einer Fremdsprache bilden sich viel besser im spielerischen Umgang mit ihr. Geschichte? Bei Wikipedia kann man Jahreszahlen und Fakten bei Bedarf sofort abrufen. Geographie? Es gibt doch Google Earth. Latein? Eine völlig überflüssige tote Sprache.

In allen Bildungsstandards drängen die *soft skills* nach vorn. *Hard skills* wie Kopfrechnen, Rechtschreibung, Memorieren werden widerwillig mitgeschleppt und erodieren. Sie gelten nicht mehr als mentale Elementartechniken, nicht mehr als Unterbau höherer Leistungen, sondern unter der Würde von Kindern, die durch kreatives Entdecken statt durch Pauken vorankommen sollen. Kompetenzmodellierer und Bildungspolitiker argumentieren etwa wie Pianisten, die kaum mehr Klavier üben, weil es nicht auf Technik ankomme, sondern auf die Musik, oder wie Fußballtrainer, die Kraft- und Konditionstraining auf eine Aufwärmphase reduzieren, um mehr Zeit fürs Eigentliche zu gewinnen: das intelligente Zusammenspiel, die Hackentricks und Fallrückzieher. Sie sägen an dem Ast, auf dem das Eigentliche sitzt.

Abitursinflation

Im Obrigkeitsstaat beklagten sich die Schulbehörden regelmäßig über Schlendrian in den Schulen; die Lehrer würden das vorgegebene Pensum nicht straff genug einpauken. Im neoliberalen Staat mobilisieren Lehrerverbände Proteste dagegen, daß die Schulpolitik mentale Elementartechniken aktiv herunterwirtschaftet; daß sie das drastische Sinken der Schreibfähigkeit durch steigende Vorgabe von Lückentexten kompensiert; daß sie den Notendurchschnitt durch die Begründungspflicht schlechter Noten in die Höhe treibt; daß sie die immer besser werdenden Noten als Beweis für ein ständig steigendes Bildungsniveau ausgibt und damit geradezu als Auftrag, die Abiturientenzahlen weiter zu erhöhen. Der Inhalt dieser Proteste prallt an den Schulbehörden freilich ab. Sie nehmen darin kaum mehr als die Beschwerden von Zurückgebliebenen wahr: von Standesvertretern, die an überholten elitären Bildungsvorstellungen und veralteten Schulabschlüssen kleben, etwa dem Abitur. Und tatsächlich: In der flexibilisierten Bildungswelt ist das Abitur ein Auslaufmodell. Noch ist es zu früh, es einfach abzuschaffen. Zu heftig wäre der Protest von Gymnasiallehrern und ehrgeizigen Eltern, zu wenig entwickelt sind die Alternativen. Aber inflationieren kann man das Abitur jetzt schon. Das ist doppelt vorteilhaft. Je höher eine Nation ihre Abiturientenzahlen treibt, desto besser steht sie im internationalen Bildungsranking da. Zugleich bereitet sie damit selbst die postabiturielle Ära vor. Inflationierung bedeutet ja immer auch Entwertung. Das ist bei der Bildung nicht anders als beim Geld. Wenn sechzig, siebzig oder achtzig Prozent eines Jahrgangs Abitur machen (Frankreich ist bereits bei achtzig), ist es nichts Besonderes mehr. Umgekehrt: Es *nicht* zu haben wird zu etwas Besonderem, zu einem Merkmal der Aussonderung, zum Stigma. Je höher die Zahl der Abiturzeugnisse, desto peinlicher wird es, keines zu haben. Soll man eine schwindende Minderheit von dreißig, zwanzig oder noch weniger Prozent wirklich davon ausschließen? Es wächst der Druck, sie und das Abitur so zu präparieren, daß es auch ihnen zuteil wird. Und so erledigt sich das Abitur mittelfristig von selbst.[29]

Die Entwicklung dorthin ist längst im Gang. Die aktuelle Etappe heißt «Schluß mit den ungerechten Abiturnoten». «So schlossen 2013 in Thüringen 38 Prozent aller Prüflinge mit einer Eins vor dem Komma ab; im angrenzenden Niedersachsen gelang das nicht mal halb so vielen Schülern, nämlich 16 Prozent. Auch die Durchfallerquoten unterscheiden sich stark: In Rheinland-Pfalz scheiterten nur 1,3 Prozent der Kandidaten, in Mecklenburg-Vorpommern fünfmal so viele.»[30] Darauf reagieren nun die Kultusminister. «Das Abitur in Deutschland soll vergleichbarer werden. Dazu wird ein gemeinsamer Pool an Prüfungsaufgaben in den Fächern Deutsch, Mathematik, Englisch und Französisch entwickelt, aus dem die Länder ihre Abituraufgaben künftig entnehmen können.»

---

29 Genauso wie sich gegenwärtig bereits die Handschrift erledigt. Um den «schwächeren Schreiberinnen und Schreibern» entgegenzukommen, hat man zunächst die lateinische Schreibschrift durch eine «vereinfachte Ausgangsschrift» ersetzt. Nun kommt man den Schwächeren entgegen, indem man jegliche normierte Schreibschrift durch freies Buchstabenmalen ersetzt, bis dessen Unleserlichkeit dann von selbst dazu führt, Kinder von vornherein auf dem Computer zu alphabetisieren. Zu den Auswirkungen siehe unten, S. 131 ff.

30 Spiegel Online, 6.6.2015.

Jedoch: «In manchen Ländern zählen Leistungskurse doppelt für die Abiturnote, in anderen nicht. Manchmal müssen die Schüler nahezu alle Fächer in die Endwertung einbringen, mal können sie auswählen. Mal schreiben sie am Ende in vier Fächern eine Abiturprüfung, mal in fünf.»[31] Wird der geplante gemeinsame «Pool» an Abituraufgaben solche Ungleichheiten beheben? Natürlich nicht. Es liegt vorerst im Ermessen der Länder, wie weit sie sich seiner bedienen. Aber selbst eine rigide nationale Vereinheitlichung des Abiturs würde nicht automatisch zu Gerechtigkeit führen, sondern bloß zur Schablonisierung der Aufgaben und Bewertungskriterien – unter Absehung von allen regionalen und örtlichen Eigenarten, die konkretem Lehren und Lernen seine Lebendigkeit geben.

Und an das generelle Problem reicht auch das strengste Zentralabitur nicht heran: die herkömmliche Grundbestimmung des Abiturs als «allgemeiner Hochschulreife». Reife manifestiert sich zwar in einem Verbund von Verhaltensweisen, aber sie ist kein Verhalten – nicht direkt meßbar. Das wurde schmerzlich bewußt, als in den 1960er Jahren an den Universitäten der Numerus clausus aufkam. Bis dahin galten Abiturnoten als schulische Erscheinungsformen einer allgemeinen persönlichen Reife, man könnte auch sagen, einer allgemeinen Studierfähigkeit. Nun entschied über den Zugang zum Medizinstudium plötzlich ein Notendurchschnitt. Schlagartig wurde bewußt, wie vage der Begriff «Reife» ist. Als Qualitätskriterium hat er inzwischen ausgedient. Doch sind Teamfähigkeit und kommunikative Kompetenz minder vage? Keineswegs. Nur daß hinter ihnen nicht mehr, wie einst hinter mittlerer Reife und Hochschulreife, ein einigermaßen konstanter Fächerkanon steht, der eine Vorstellung davon gibt, woraus sie sich speisen, sondern ein immer weniger

31 Spiegel Online 12.6.2015.

greifbarer Innovations- und Flexibilitätsdruck, der zur ständigen Revision schulischer Anforderungen nötigt. Die Vermessung all der Kompetenzen, die den Tatbestand Abitur weit präziser konkretisieren sollten als der wolkige Begriff «allgemeine Hochschulreife», hat dazu geführt, daß selbst dieser Schulabschluß in eine Menge kleiner Kompetenzscherben zerfällt, deren Umfang sich ständig ändert, die man verschieden zusammensetzen und -kleben, aber auch in ihrer Gewichtung für die Gesamtnote verschieden berechnen kann. Sie sind kaum mehr zu überblicken und werden durch Noteninflation ständig weiter entwertet.

«Insgesamt haben sich fast überall in Deutschland die Noten in den vergangenen Jahren verbessert. In Berlin lag der Anteil der Einserabiture 2013 sogar fast doppelt so hoch wie sieben Jahre zuvor.» Der Vorsitzende des Wissenschaftsrates «fordert die Hochschulen deshalb auf, ihre Studienplätze nicht nur nach Abiturnote zu vergeben. Sie sollten vielmehr auch den Lebenslauf, ein Motivationsschreiben oder ein persönliches Gespräch berücksichtigen.»[32] Faktisch läuft das darauf hinaus, daß die Hochschulen definieren, wer «reif» für sie ist. Dagegen sträubt sich die Schulpolitik; verliert sie doch beträchtliche Kompetenzen, wenn jede Hochschuleinrichtung ihre eigenen Aufnahmekriterien und -verfahren entwickeln darf. Mit Recht warnen die Kultusbehörden vor dem neuen bürokratischen Dickicht, das dabei entstehen wird. Doch der Trend dahin ist kaum mehr aufzuhalten. Die Aussagekraft der Abiturnoten geht ihrem Tiefpunkt entgegen. «Allgemeine Hochschulreife» ist in einer behavioristisch organisierten Kompetenzlandschaft bloß noch ein Leertitel.

Um so mehr Schüler saugt dieser Leertitel an – auf Kosten der andern Schulformen. Sie sind Schwundformen, vor allem

32 Spiegel Online 6.6.2015.

die sogenannte Hauptschule. Seit sie nur noch eine Restschule ist, die sich der Zurückgebliebenen annimmt, hat sich der Fluch der Unzumutbarkeit auf sie gelegt. Die Schulpolitik arbeitet denn auch emsig an ihrer Abschaffung. Eine eigene Schulform für Zurückgebliebene ist politisch inkorrekt. Niemand soll zurückbleiben. Und wenn es dann keine untere Schulform mehr gibt, nur noch eine mittlere und eine höhere? Dann wird der Fluch der Unzumutbarkeit auf die mittlere übergehen. Faktisch wird sie nun die untere sein, das Sammelbecken der vom Abitur Ausgeschlossenen. Aber von «unten» darf nicht mehr die Rede sein, weder in der Schule noch in der Gesellschaft. Wer Langzeitarbeitslose ohne Schulabschluß zur «Unterschicht» zählt, wer das Umtaufen von Hauptschulen in Mittelschulen, von Realschulen in Oberschulen Hochstapelei nennt, gerät in Verdacht, Mitmenschen zu stigmatisieren. Auch von dieser Seite wächst der Trend zum Abitur für alle.

Zieldifferenz

Wenn aber alle Abitur machen, macht niemand mehr Abitur. Um dessen Ende vorauszusagen, muß man kein Hellseher sein. Der Flexibilisierungsdruck, der Vormarsch der *soft skills*, die Noteninflation: dies alles sind deutliche Anzeichen seiner Agonie. In der Parole «Schluß mit den ungerechten Abiturnoten» wird ein gewisser Subtext immer vernehmbarer: «Schluß mit dem Abitur». An dessen Stelle wird über kurz oder lang eine neue Einheitsschule mit individuellen Abschlüssen treten. Sie soll das vollkommene Gegenteil zur Gleichschrittschule darstellen, niemanden mehr ausschließen und jeden seinen individuellen Platz finden lassen. Wie sie das schafft? Indem sie etwas, was einst als Notbehelf im Umgang mit schwachen Schülern begonnen hat, in eine generelle Schulstrategie verwandelt. Die Notlage war: Was tun mit Hauptschülern, die in

Mathematik oder Deutsch auch im Wiederholungsfall nicht zu versetzungsfähigen Leistungen gelangen, ansonsten aber passabel mithalten? Soll man sie noch einmal die Klasse wiederholen lassen? Wie, wenn man sie statt dessen in den Fächern, in denen sie definitiv nicht mitkommen, «zieldifferent» unterrichtet? Will sagen, man verlangt ihnen hier das vorgesehene Pensum gar nicht erst ab, gibt ihnen leichtere Aufgaben, die sie erfüllen können, wertet ihre Leistungen in diesen Fächern nicht fürs Zeugnis und winkt sie gleichwohl in die nächsthöhere Klasse durch, weil es angesichts ihrer sonstigen Entwicklung unverhältnismäßig wäre, ihnen nur wegen des Versagens in Mathematik oder Deutsch den Hauptschulabschluß vorzuenthalten.

Für einige Schüler das Pensum verringern, bei allen andern aber in vollem Umfang darauf bestehen: das ist, wie man es auch dreht und wendet, ein Messen mit zweierlei Maß. Dennoch kann es ein sinnvolles Messen sein, wenn es praktiziert, was Aristoteles *epieíkeia* genannt hat: «Billigkeit» (im Sinne von «recht und billig»).[33] Luther erfand dafür das schöne Wort «Gelindigkeit». Heute sagt man vielleicht besser «Milde mit Augenmaß». *Epieíkeia* war für Aristoteles ein Grenzbegriff. Er sollte die Gerechtigkeit davor bewahren, in Rechthaberei überzugehen. Das Recht darf niemanden bevorzugen noch benachteiligen. Deshalb waltet es «ohne Ansehen der Person». Deshalb aber kann es den konkreten Individuen auch nie ganz gerecht werden. Nicht von ungefähr hat *Iustitia*, die Allegorie der Gerechtigkeit, verbundene Augen. Recht ist zwar der unerläßliche Repräsentant der Gerechtigkeit. Aber es bleibt stets hinter ihr zurück. *Epieíkeia* ist das Mahnmal eines Rechtsbewußtseins, das um die Korrekturbedürftigkeit allen Rechts weiß und im Fall von Notlagen auf mildernde Umstände ach-

33 Aristoteles, *Nikomachische Ethik*, 1137 a und b.

tet. Milde mit Augenmaß billigt Individuen bestimmte Besonderheiten zu, denen die Rechtslage ungenügend Rechnung trägt und deren Berücksichtigung die Betroffenen ein Stück weit schont, ohne anderen dadurch Nachteile zu bescheren.

In diesem Sinne war zieldifferenter Unterricht anfangs ein Musterfall von *epieíkeia*. Er hielt an der Relevanz der Hauptfächer strikt fest. Zugleich aber räumte er ein, daß es geistig unbehinderte Schüler gibt, denen kein Unterricht und keine Zusatzförderung zu «ausreichenden» Basiskenntnissen in Mathematik und Deutsch verhilft und die dennoch nicht verdienen, daß man sie deswegen nicht versetzt. Das war durchaus ein pädagogischer Offenbarungseid, aber ein besonnener. Er rechnete sowohl mit Schülern, die der Schule nicht gewachsen sind, als auch mit Schülern, denen die Schule nicht gewachsen ist. Keine Schule wird allen Schülern gerecht, ohne daß daraus sogleich die Preisgabe der allgemeinen Schulpflicht folgte. So ist *epieíkeia* denn stets eine Gratwanderung. Augenmaß und Abwägung sind ihre Wahrzeichen. Keine ihrer Entscheidungen ist strikt verallgemeinerungsfähig. Wie beim zieldifferenten Unterricht. Wann ist er angezeigt? Wer soll ihn in welchen Fächern erhalten und wer besser nicht? Man mag Indikatoren dafür sammeln, aber jeder Fall ist anders. Eine voreilige Option für Zieldifferenz kann Schülern ebenso schaden wie eine vorenthaltene.

Doch all diese Entscheidungsprobleme erledigen sich schlagartig von selbst, wenn der Notbehelf, als der der zieldifferente Unterricht eingeführt wurde, als epochales pädagogisches Schnäppchen entdeckt wird und zur Tugend eines allgemeinen Unterrichtsprinzips mutiert. Warum nur wenige Schüler zieldifferent unterrichten und sie damit als «schwach» stigmatisieren? Hat nicht jeder seine Schwächen und Stärken? Machen wir doch aus einer milden Gabe für anscheinend Schwache ein Anrecht für alle. Jeder ist anders als die andern, hat sein eigenes Tempo und Temperament, seine eigenen Vorlieben, Interessen und Begabungen. Unterrichten wir doch *alle* zieldifferent – in einer Schule, die nicht nur mit dem Abitur, sondern überhaupt mit höheren und niederen Abschlüssen Schluß macht, die niemanden ausschließt, jeden als Individuum willkommen heißt – und so endlich leistet, was bisher keine Schule vermochte: allen Lernenden gerecht zu werden.

Die Schule, die dieses Kunststück vollbringen soll, hat längst einen Namen: Inklusionsschule. Daß sie im Kurs der Schulpolitik steigt und steigt, daß sie mehr und mehr das Ansehen der Alternativlosigkeit gewinnt, verdankt sie einem ebenso mächtigen wie schwer greifbaren Bündnispartner. «Über das Fleisch, das euch in der Küche fehlt / Wird nicht in der Küche entschieden», heißt es bei Bertolt Brecht.[34] Ebenso wird über die Auflösung der Schulklassen nicht in den Klassenzimmern entschieden. Es steht dahinter jener diffuse Flexibilitätsdruck, der die bestehenden Bildungsräume ebenso zerfallen läßt wie zuvor schon die herkömmlichen Arbeitsräume. Die Schulpolitik gibt diesen Druck lediglich mehr oder weniger geschickt weiter. Er kommt von oben, er ist ein Herrschafts-, kein Volksbegehren, und ohne ein paar Worte über seine Entstehung läßt sich kaum begreifen, was Inklusion ist.

34 Brecht 1978, 333.

2. Inklusionswahn

Ausgrenzung

Bis in die 1970er Jahre hinein stand im Zentrum aller ernsten Sozialkritik der Begriff «Ausbeutung». In der kapitalistischen Welt, so der Grundgedanke, sind die Räume und Maschinen der gesellschaftlichen Produktion in privater Hand. Privateigentümer oder ihre Repräsentanten heuern Arbeitskräfte an, vereinbaren mit ihnen oder ihren gewerkschaftlichen Vertretern bestimmte Löhne samt Sozialleistungen; aber selbst in den westlichen Industrieländern, wo die Werktätigen nicht darben, sich sogar ein eigenes Auto oder Häuschen leisten können, hören die Kapitaleigner und ihr Management nicht auf, mehr aus den Arbeitskräften herauszuholen, als in sie hineinzustecken. Andernfalls könnten sie ja den Profit nicht erzielen, ohne den sie gegen die Konkurrenz nicht aufkämen und der das kapitalistische System zu ständigem Wirtschaftswachstum zwingt. Lohn ist lediglich eine mehr oder weniger komfortable Entschädigung für geleistete Arbeit, aber nie das volle Äquivalent dafür. Daher besteht auch bei relativem Wohlstand die Ausbeutung fort.

So weit das ABC der von Karl Marx inspirierten Ausbeutungstheorie. Sie hatte nach dem Zweiten Weltkrieg, in den Zeiten des europäischen und nordamerikanischen Wirtschaftsaufschwungs, keinen leichten Stand. Es galt, sich durch den Wohlstand der Industrieländer nicht blenden zu lassen und nicht zu vergessen, daß in Afrika, Asien und Südamerika derweil die Rechnung dafür bezahlt wurde – durch eine bitter arme Bevölkerung, die für Hungerlöhne Schwerstarbeit auf Baumwollfeldern und Kaffeeplantagen, in Bergwerken, Öl-

und Gasförderanlagen leistete und eben jene Rohstoffe transportfähig machte, welche das Wohlergehen der Industrieländer ermöglichten. Allerdings wirkten Lebensstandard und Produktionsweise der Industrieländer geradezu wie eine Verheißung auf die sogenannten Entwicklungsländer. Wer immer es schaffen würde, eine moderne Industrie aufzubauen, so der Fortschrittsglaube der 1950er und 60er Jahre, würde auch an deren Segnungen teilhaben: hohen Löhnen, sozialer Absicherung und Vollbeschäftigung. Es war die Zeit, als im Westen die Vision von John Maynard Keynes Wirklichkeit zu werden schien: «ein klug geleiteter Kapitalismus», der «die wirtschaftlichen Aufgaben wahrscheinlich besser erfüllen wird als irgendein anderes, vorläufig in Sicht befindliches System».[35] Ihn «klug leiten» hieß, ihn als ein Nachfragesystem zu optimieren, das nicht nur reichlich Gewinn erzielt, sondern möglichst viel davon in neue Nachfrage nach Maschinen, Rohstoffen und vor allem Arbeitskräften umsetzt. Und die expandierende Metall- und Elektroindustrie in Mitteleuropa saugte damals tatsächlich Arbeitskräfte aus dem ganzen Mittelmeerraum an. Kapitalismus und Vollbeschäftigung schienen kurz vor ihrer finalen Vereinigung zu allgemeiner Volkswohlfahrt zu stehen.

Und dann kam die mikroelektronische Wende. Computer machten mehr Arbeitskräfte überflüssig als alle Maschinen zuvor. Unternehmen begannen eher durch Entlassungen als durch Neueinstellungen von Arbeitskräften zu wachsen (*jobless growth*). Und allen Beteiligten dämmerte: Die Zeit annähernder Vollbeschäftigung ist endgültig vorbei. Damit änderte sich auch die sozialkritische Agenda. War Ausbeutung wirklich so schlimm? War nicht viel schlimmer, *nicht* ausgebeutet zu werden, also keinen Job zu haben – ausgegrenzt zu sein? Erst in den 1970er Jahren wurde der Ausgrenzungsbegriff

35 Keynes 2011, 52.

programmatisch. 1974 erschien das Buch *Les exclus* des französischen Sozialpolitikers René Lenier über die prekäre Lage
von körperlich und geistig Behinderten sowie Verhaltensgestörten. Es wirkte wie ein Auftakt. In wenigen Jahren avan-
cierte «Ausgrenzung» zum sozialkritischen Schlüsselbegriff –
besonders prominent beim Philosophen Michel Foucault. Das
Erfolgsrezept seiner bahnbrechenden sozialgeschichtlichen
Studien zu Kliniken, Gefängnissen, Arbeitskasernen und Sub-
kulturen war die Reduktion von sozialer Gewalt auf Aus-
grenzungsgewalt.[36] Die neue, durch Mikroelektronik erzeugte
Arbeitslosigkeit und Armut machten für das Wort «Ausgrenzung» hoch empfänglich – bis in die Chefetagen von Politik
und Wirtschaft hinein. «Die Ausgrenzungsdebatte, die in
Frankreich ihren Ausgang nahm, hat sich zügig auf das übrige
Europa ausgedehnt. 1989 haben die Sozialminister der Europäischen Gemeinschaft eine Resolution zur Bekämpfung der
Ausgrenzung verabschiedet. Das 1993 veröffentlichte Weiß-
buch der Europäischen Kommission *Wachstum, Wettbewerbs-
fähigkeit und Beschäftigung* fordert zum ‹Kampf gegen die
Ausgrenzung› auf. Dänemark, Deutschland, Italien, Portugal
und Belgien haben neue Institutionen ins Leben gerufen, um
gegen die Ausgrenzung vorzugehen. In den verschiedenen so-
ziopolitischen Kontexten hat der Begriff ‹Ausgrenzung› jedoch eine je eigene Bedeutung erlangt: In den angelsächsi-
schen Ländern liberaler Tradition dreht er sich um die Idee der
(rassischen, geschlechtsspezifischen usw.) Diskriminierung.
In der Europäischen Union beruht der Ausgrenzungsbegriff
in erster Linie auf der sozialdemokratischen Idee einer ‹sozialen Bürgerschaft›, die ‹den Begriff an die Konzepte der sozialen Ungleichheiten und der sozialen Rechte anschließt›».[37]

36 Kritisch hierzu Türcke 2002, 61 ff.
37 Boltanski/Chiapello 2006, 668.

Ausgrenzung gilt seither als Grundübel der Epoche. Dennoch ist der laufende Ausgrenzungsdiskurs halb blind. Er nimmt schlicht nicht wahr, daß Integration seit einigen Jahrhunderten doppelten Boden hat – anders als in vormodernen Gesellschaften. Da lagen die Dinge einfacher. Ausgegrenzt werden hieß ausgestoßen, verbannt, ins Gefängnis gesetzt oder an den Pranger gestellt werden, und wem dies widerfuhr, der war entweder verloren (einzelne konnten ohne ihr Kollektiv kaum überleben) oder auf traumatisierende Weise geächtet. Noch im christlichen Mittelalter waren Acht und Bann zwei furchtbare Ausschlußmechanismen. Wer in die Reichsacht geriet, konnte mit keinem Verbündeten, keiner bergenden Zufluchtsstätte mehr rechnen. Wer dem Kirchenbann verfiel, war von der kirchlichen Gemeinschaft samt der Rettungskraft der Sakramente ausgeschlossen. Hingegen zählten Gebrechliche nicht automatisch zu den Ausgegrenzten. Sie wurden mitversorgt. Die Fähigkeit, sich selbst zu versorgen, machte noch nicht den zentralen Identitäts- und Ehrenpunkt der Person aus. Ein Mensch war in erster Linie Mitglied und Repräsentant einer Familie, eines Stammes, Standes oder Ordens und noch nicht apartes, auf sich selbst gestelltes Individuum. Anderen zur Last fallen war noch keine Schande. Das wurde es erst – in dem Maße, wie die herkömmlichen Stände, Verbände, Großfamilien zerfielen und Einzelmenschen zurückblieben, die ihren Status und Einfluß nunmehr selbst zu definieren hatten, allerdings nicht in einem leeren Raum, sondern unter den Bedingungen allseitiger Konkurrenz im Kraftfeld eines expandierenden, die ganze Gesellschaft durchdringenden Markts.

Märkte sind alt. Schon in der Antike säumten sie die Ränder der Tempel. Der Markt als Vergesellschaftungsinstanz hingegen ist ein Phänomen der Neuzeit. Er bildete sich erst, als eine

Mehrheit der arbeitenden Bevölkerung von ihren Arbeitsmitteln getrennt wurde und nur noch überleben konnte, wenn Unternehmer ihre Arbeitskraft kauften und ihnen an bestimmten Orten wie Manufakturen, Fabriken oder Büros Arbeitsmittel zur Verfügung stellten. Seither stiftet der Arbeitsmarkt den wirtschaftlichen Zusammenhalt der Gesellschaft. Zum Feilbieten von Waren gehören zwar immer zwei Möglichkeiten: entweder sie werden gekauft, oder sie bleiben liegen. Aber es ist ein gewaltiger Unterschied, ob Gebrauchsgüter liegenbleiben oder Arbeitskräfte. Letztere machen dabei die einschneidende Erfahrung persönlicher Nutzlosigkeit. Sie werden vom Arbeitsleben ausgeschlossen. Sie verlieren die Fähigkeit, für sich selbst zu sorgen. Ein Irrtum ist allerdings die Meinung, sie würden damit auch aus der Gesellschaft ausgeschlossen. Im Gegenteil: Erst wer auf dem Sozialamt oder an der Straßenecke die Hand aufhalten muß, wer mittellos um Schaufensterauslagen, Kino- oder Discoeingänge herumstreicht, bekommt die Marktgesetze dieser Gesellschaft ganz ungepolstert zu spüren und kann sich ihnen am wenigsten entziehen. Je ausgegrenzter jemand ist, desto fester schließen ihn die Marktgesetze ein.

Der Weltmarkt ist ein hochdifferenziertes Ausgrenzungssystem. Doch um auszugrenzen, hat er erst einmal einschließen müssen. Er hätte überhaupt nicht entstehen können, hätten nicht Europäer in Afrika, Südostasien, Amerika Kolonien gegründet und diese Erdteile durch Ausplünderung ihrer Rohstoffe, durch Unterdrückung und Völkermord in das in Europa neu entstehende Wirtschafts- und Sozialsystem einbezogen. Das war eine Integrationsleistung ersten Ranges. Ohne sie wäre es zur globalen Welt von heute nie gekommen, und die so angelegentlich integrierten Kontinente und Bevölkerungsschichten wurden anfangs keineswegs gefragt, ob sie überhaupt dazugehören wollten. Integration ist zunächst einmal diese bittere, gewöhnlich ungenannte Voraussetzung und

Grundlage der Ausgrenzung, ehe das, was man heute gewöhnlich Integration *nennt*, überhaupt einsetzen kann. Jenes Bündel staatlicher und privater Maßnahmen, das die Ausgegrenzten auffangen und in erträgliche Lebenszusammenhänge einbinden soll, ist nämlich nur eine sekundäre Integration. Sie sucht die Primärintegration des Marktmechanismus abzufedern. Das kann sie freilich nur mit den Mitteln, die ihr der Markt dafür gewährt. Wenn dessen Konjunktur schwächelt, wird auch die soziale Not größer. Die Mittel zu ihrer Milderung werden dringlicher, aber sie fließen spärlicher.

Dem Doppelspiel von primärer und sekundärer Eingliederung entspricht ein Doppelsinn von Ausgrenzung. Zunächst war sie nur furchtbar. Wer sich etwa gegen eines der Grundtabus verging, einen Stammesangehörigen tötete oder mit nahen Verwandten Geschlechtsverkehr vollzog, wurde selbst tabu – aus dem Kollektiv ausgestoßen. Und doch heißt Tabu, wörtlich übersetzt, das Aus-Gezeichnete. Darin steckt noch ein zweiter Sinn. Der Schamane ist, wenn er sich durch ekstatische Technik in Trance versetzt, ebenfalls tabu, und das heißt in diesem Fall: emporgehoben über sein Kollektiv – geheiligt. Der Doppelsinn des Ausgezeichneten ist aus den großen Menschheitskonflikten nicht wegzudenken. Immer wieder haben aus einer Gemeinschaft Ausgestoßene ihre Exkommunikation als Auszeichnung, ihre Entbehrung und Verfolgung als göttliche Erwählung und Prüfung verstanden. Das Christentum beruft sich auf einen in höchstem Maße Verworfenen: einen Gekreuzigten. Den Protestantismus setzte einer in Gang, der in Acht und Bann getan wurde und keineswegs um Reintegration bettelte. Den Islam begründete einer, der seine Heimatstadt in Schmach hatte verlassen müssen. Die moderne Arbeiterbewegung war darauf bedacht, aus dem Schimpfwort Prolet einen Ehrennamen zu machen: eigene Sport-, Gesangs- und Bildungsvereine zu gründen und sich von der bürgerlichen Kultur abzugrenzen.

Davon weiß der gegenwärtige Ausgrenzungsdiskurs – nichts. Er kennt Nichtzugehörigkeit ausschließlich als Stigmatisierung. «Dabeisein ist alles» ist seine Devise. Als Motto der Olympischen Spiele ist sie seit 1896 geläufig. Zur gesamtgesellschaftlichen Devise wurde sie freilich erst in den 1970er und 8oer Jahren, als mit der mikroelektronischen Revolution das *jobless growth* um sich griff. Als klar wurde, daß der Kapitalismus dank der von ihm selbst vorangetriebenen Hochtechnologie von nun an immer Millionen von Arbeitskräften liegenlassen werde: da erst bekam Integration den Nimbus des schlechterdings Erstrebenswerten. Er entstammt der Arbeitssphäre. Keine Arbeit haben ist schlecht; also ist Arbeit haben gut. Die Konditionen, unter denen man arbeitet, sind sekundär. Hauptsache, man hat Arbeit, gehört dazu, ist integriert. Das ist der schlichte Grundsatz einer neuen, konfessions- und parteiübergreifenden Weltanschauung, die in alle sozialen Bereiche ausstrahlt: in die Familien, Schulen, Pflegeeinrichtungen etc. Wenn alle einbezogen wären, wäre alles gut.

Die Frage, *in was* sie dann einbezogen wären, wird erst gar nicht mehr gestellt. Etwa in eine Gesellschaft, wo jeder nach seinen Fähigkeiten handeln kann und jedem nach seinen Bedürfnissen gegeben wird? Keineswegs. Es geht lediglich um die optimale Einbeziehung in die Dynamik des globalen flexibilisierten Kapitalismus, der wie ein großer Sportwettkampf vorgestellt wird. Es gewinnen dabei zwar nur wenige, aber jeder soll das Gefühl haben, voll mitzumachen. Deshalb ist die Parole «Niemanden zurücklassen; alle einbeziehen» so ungemein konsensfähig. Sie hat das Format eines globalen Credos, in das Europäische Union, G 7, Internationaler Währungsfonds, Weltbank, Vereinte Nationen gemeinsam mit allen Menschen guten Willens mühelos einstimmen können.

Dies Credo liegt auch der Behindertenkonvention der Vereinten Nationen zugrunde, die seit 2008 «völkerrechtlich wirksam» ist. Sie fordert für alle Menschen, also auch solche mit schwersten körperlichen und geistigen Behinderungen, «die Nichtdiskriminierung» und «die volle und wirksame Teilhabe an der Gesellschaft und Einbeziehung [englisch: inclusion; französisch: intégration] in die Gesellschaft», wozu selbstverständlich auch «ein integratives Bildungssystem auf allen Ebenen [englisch: an inclusive education system at all levels]»[38] gehört. Wer mag da widersprechen? Die Behindertenkonvention kommt mit dem Heiligenschein vollkommener Untadeligkeit daher. Damit setzt sie die Nationen unter Druck. Jede, die der Konvention nicht beitritt, bekommt ein Imageproblem. Sie gerät in den Verdacht, mit der These vom lebensunwerten Leben zu sympathisieren. Jede aber, die ihr beitritt, erklärt sich damit bereit, die Forderungen der Konvention in soziale Praxis umzusetzen und dafür die entsprechenden Gesetze, Institutionen und Strukturen zu schaffen. Doch wie soll das gehen? Wie soll man zu den Konditionen eben jenes Weltmarkts, dessen Flexibilisierungsdruck doch gerade dafür gesorgt hat, daß Ausgrenzung zum Problem Nummer eins in der sozialkritischen Agenda aufstieg, Schluß mit aller Ausgrenzung machen? Zum Glück gibt es Bildungsexperten. Sie verhalten sich zur Behindertenkonvention der Vereinten Nationen wie einst die Theologen zur Bibel. Sie legen sie aus.

In der Tat umweht den Text der Behindertenkonvention eine Aura, als sei er die vom Geist des neuen Weltcredo inspirierte heilige Schrift. Deren Grundbotschaft ist unstrittig: Die Zeit separater Schulen für verschiedene Leistungsniveaus ist vorbei. Die Einheitsschule, zu der die globale Flexibilitätsdy-

38 Vereinte Nationen, 2008, Artikel 3 b und c; Artikel 24, 1.

namik ohnehin drängt, bekommt durch das oberste Gremium der Staatengemeinschaft ausdrücklich den höheren Segen. Was aber ist unter Einheitsschule zu verstehen? Mit dieser Frage beginnt sogleich der Auslegungszwist. Und wie bei der Bibel einst zwischen Hebräisch, Griechisch und Latein, so gibt es auch hier Übersetzungsprobleme. Der englische Text fordert «an inclusive education system at all levels», der deutsche «ein integratives Bildungssystem auf allen Ebenen». Im Deutschen aber wird zwischen Integration und Inklusion seit einigen Jahren geradezu konfessionell unterschieden. Zunächst war Integration der Leitbegriff. Behinderte Kinder nicht sogleich Sonder- und Spezialschulen zuordnen, sondern sie soweit wie möglich in den Regelschulen unterrichten und ihnen nur in Fächern, wo das reguläre Pensum außerhalb ihrer Möglichkeiten liegt, stundenweise separaten – zieldifferenten – Unterricht bieten: das war das Konzept. Das genügt nicht, sagt nun die neue Fraktion der Inklusionsverfechter, weil «es bei der Integration von Menschen immer noch darum geht, Unterschiede wahrzunehmen und zuerst Getrenntes wieder zu vereinen. Inklusion hingegen» läßt «alle Schüler mit ihrer Vielfalt an Kompetenzen und Niveaus aktiv am Unterricht teilnehmen».[39] Anders gesagt: Erst die Inklusionsschule heißt alle Niveaus gleichermaßen willkommen, während die Integrationsschule erst einmal Verhaltens- und Leistungsunterschiede registriert und insofern nicht aufhört, Stärkere und Schwächere zu unterscheiden. Als entstünden die Defizite und Beschädigungen der Schwachen erst dadurch, daß man sie als solche wahrnimmt und bezeichnet; als wären in der Kleinkindzeit nicht längst entscheidende psychosoziale Weichen fürs ganze Leben gestellt worden.

Die ersten Lebensjahre sind in hohem Maße Schicksals-

---

39 Abram 2003, o. S.

jahre. «In dieser Zeit bilden sich die meisten Nervenverbindungen. Werden Kindern Anregung und Zuwendung verweigert, hat das nachhaltige Folgen.» «Nicht nur traumatische Erlebnisse oder evidente Vernachlässigung prägen das Denkvermögen. Gleiches gilt für Wörter und Gesten, Blicke und Berührungen, Lieder und Reime, die Eltern in den ersten Lebensjahren tausend- und abertausendfach mit ihrem Kind austauschen – oder eben nicht.» Das hat ein Forschungsprojekt jüngst eindrucksvoll gezeigt. «Psychologen und Pädagogen der Universität Bamberg begleiteten dabei Jungen und Mädchen von drei Jahren an bis zum Übergang in die weiterführende Schule. In regelmäßigen Abständen testeten sie den Wortschatz und die Zahlenkenntnis der Kinder. Gleichzeitig erfassten sie, bei Besuchen und mit Fragebögen, wie häufig deren Eltern mit ihnen spielten oder wie oft sie ihnen vorlasen.» «Bereits zu Beginn der Testreihe klafften die Fähigkeiten der Kinder weit auseinander: Jungen und Mädchen aus bessergestellten Verhältnissen – egal, ob aus Zuwandererfamilien oder nicht – kannten im Schnitt doppelt so viele Wörter wie ihre Alterskameraden», «konnten komplexere Satzgefüge verstehen und hatten ein ausgeprägteres Verständnis von Zahlen, Größen und Formen.»[40]

Erzieher und Lehrer finden solche Niveauunterschiede bereits vor – samt den damit verbundenen kindlichen Über- und Unterlegenheitsgefühlen. Die bekommt man weder durch Ignorieren noch durch Umbenennung in «Vielfalt» aus der Welt. Man kann lediglich an ihrer Verringerung und Abmilderung arbeiten. Den Punkt Null einer friedlich-einvernehmlichen Vielfalt ohne jegliches Besser und Schlechter gibt es weder bei der Geburt noch beim Eintritt in die Schule. Er liegt außerhalb der Reichweite jeglicher Erziehung. Darum aber

40 Spiewak 2015, 33 f.

geht es: ihre Reichweite. Sollen Pädagogen immer erst nachträglich eingreifen? Erst einmal bestehende Mißverhältnisse hinnehmen und sie dann durch Integration notdürftig verringern? Damit wollen sich die Verfechter der Inklusion nicht zufriedengeben. Sie wandeln in den Fußstapfen der gesellschaftskritischen Pädagogik, die aus der weltweiten Protestbewegung in der Mitte des vorigen Jahrhunderts hervorging und die Schule als Laboratorium grundlegender Gesellschaftsveränderung erachtete. Die Paten der Inklusionsbewegung sind von diesem Geist noch beseelt. Sie berufen sich auf die Bürgerrechtsbewegung, die «sich gegen jede Marginalisierung wendet und somit allen Menschen das gleiche volle Recht auf individuelle Entwicklung und soziale Teilhabe ungeachtet ihrer persönlichen Unterstützungsbedürfnisse zugesichert sehen will».[41]

Damit stoßen sie in ein ideologisches Vakuum. Als der gesellschaftskritische Elan der Lehrer aus der 68er Bewegung erlahmt war, als der «lange Marsch durch die Institutionen», den Rudi Dutschke den revolutionären Kräften empfohlen hatte, in den Institutionen versackt war, was blieb den Lehrern da noch? Didaktik, Methodik, Fordern und Fördern, Einübung in neue Medien: dies alles mochte ja sein Recht haben. Aber wozu betrieb man es eigentlich? Seit die Hoffnung auf Überwindung der kapitalistischen Gesellschaftsform verblaßt war, gab es auch keine nennenswerten höheren Ziele mehr, um derentwillen es sich lohnte, die alltäglichen «Mühen der Ebene» zu ertragen. Geblieben war die hohle Phrase von «der Zukunft», die man den Kindern «durch Bildung» eröffne. Genau für diesen Hohlraum bietet das Inklusionsparadigma eine neue Füllung an. Es steckt wieder ein höheres Ziel, und wie sollen sich junge Leute für den Lehrberuf begeistern,

---

41 Hinz 2006, 97.

ohne ein solches vor Augen zu haben? Kein Wunder, daß von denen, die das Lehrerdasein nicht als Job, sondern als Herzensangelegenheit erachten, viele auf Inklusion fliegen. Da werden auch ältere Herzen wieder jung. Dabei mitwirken, daß die Schule zum diskriminierungsfreien Raum wird und damit zur Keimzelle einer neuen Gesellschaft: das gibt dem Leben Sinn.

Opferbereitschaft

Daher das hohe Maß an Opferbereitschaft bei den Anhängern des Inklusionskonzepts. Sie stellen sich den Widrigkeiten bei seiner Umsetzung wie Gläubige der Anfechtung. Sich durch nichts beirren lassen, ist daher ihre Devise, auch wenn der Widersacher überall lauert. Ficht doch ständig jemand den Fortgang der guten Sache an: der Staat, die Ministerien, die Schulbehörden, die Ungläubigen. Die Zeitschrift *Erziehung & Wissenschaft* hat gerade wieder einmal die Hemmnisse aufgelistet. Der UN-Fachausschuß für die Rechte von Menschen mit Behinderung überprüft ja regelmäßig, was aus der Konvention in den Staaten wird, die sie unterschrieben haben. Deutschland schneidet da schlecht ab und soll schnellstens nachbessern: «umgehend eine Strategie, einen Aktions- und Zeitplan sowie Ziele entwickeln, um ein qualitativ hochwertiges inklusives Bildungssystem zu ermöglichen, einschließlich notwendiger finanzieller und personeller Ressourcen». «Das Förderschulsystem soll abgebaut, Kindern mit Behinderung muss mit sofortiger Wirkung die Aufnahme in die Regelschule ermöglicht werden.» «Lehrkräfte sollen fortgebildet werden, umfassende Barrierefreiheit ist sicherzustellen.»[42]

42 Arnade 2015, 2.

Doch diese Forderungen werden einfach unterlaufen, wie Hans Wocken, der Nestor der deutschen Inklusionsbewegung, beklagt. Auf dem Papier steigen die Inklusionsquoten. Faktisch aber werden zumeist nur verhaltensauffällige Kinder mit schlechten Noten und in prekären Lebenslagen als «Schüler mit sonderpädagogischem Förderbedarf» etikettiert. «Nicht behinderte junge Menschen werden zu ‹Behinderten› erklärt und dann als ‹inkludiert› gezählt. Kinder mit wirklichen Behinderungen bleiben weiterhin außen vor», nämlich in nach wie vor fortbestehenden Sonder- und Spezialschulen (für Gehörlose, geistig Behinderte etc.). Zwar sei die Förderung sogenannter Risikoschüler dringend nötig. «Aber es ist ein Skandal, dafür die Extra-Mittel aus dem Inklusionstopf für behinderte Kinder einzusetzen.» Nur in Einzelfällen, etwa bei Kindern mit Down-Syndrom, komme es zum Wechsel von der Sonder- an die Regelschule. Aber: «Nach wie vor gilt der Ressourcen-Vorbehalt, nach dem Mädchen und Jungen nur dann in Regelschulen aufgenommen werden müssen, wenn dort die Voraussetzungen ‹stimmen›. Das alles hat den Namen Inklusion nicht verdient!»[43]

Um so mehr muß man für «richtige» Inklusion kämpfen und in der schweren Anfangszeit so tapfer wie möglich durchhalten. Und die Anfangsphase läuft überall ähnlich. Fach- und Klassenlehrer finden in ihren Klassenräumen plötzlich Kinder vor, auf deren Handicaps sie nicht vorbereitet sind, und außerdem Förderlehrer und Integrationshelfer, die ihre eigenen Vorstellungen von Unterricht haben. Die Helfer sind Praktikanten und wechseln entsprechend häufig, und die Förderlehrer sind nur stundenweise da, denn sie werden auf mehrere Inklusionsklassen verteilt. Pro Klasse zusätzlich ein Förderlehrer – das ist in kaum einem Etat vorgesehen. Und so fahren

43 Wocken 2015, 14–16.

die ausgebildeten Sonderschulpädagogen von Schule zu Schule und sind mal hier und mal dort. «Nicht nur, dass sie viel mehr Zeit im Auto verbringen als früher». «Seit sie an diversen Schulen arbeiten, sind sie sozusagen heimatlos geworden. ‹Mir fehlen die Bindung zur Stammschule und der fachliche Austausch›, bedauert Förderlehrerin Walter. Ihre Stammschule ist eine Einrichtung für Erziehungshilfe, doch sie arbeitet an zwei Grundschulen. Fortbildung hat man ihr auch nicht angeboten, als man ihr die Inklusionsaufgabe antrug. ‹Man wird einfach hineingeschmissen – und macht das Beste draus›.»[44]

Wenn im Inklusionsprojekt einer Bremer Hauptschule der leitende Lehrer nach vier Jahren gesteht: «Ich möchte endlich mal wieder dahin kommen, dass mein Unterricht nicht zufällig gut verläuft, sondern weil ich ihn gut geplant habe»,[45] so läßt sich daran das Verhältnis von Anfechtung und Glaube gut ablesen. In diesem Fall hat der Lehrer zwar an allen Problemkindern des Projekts im Laufe der Zeit irgendeine ihn freudig überraschende Fähigkeit oder Bereitschaft entdeckt. Aber haben sie die dank ihrer Inklusion in die Regelschule entwickelt oder weil sie gut gefördert wurden? Das ist ja nicht dasselbe. Und gerade am entscheidenden Punkt mußte das Bremer Projekt zurückstecken. «Im nächsten Schuljahr wird die Klasse in Mathe und Englisch in zwei Leistungsgruppen unterrichtet.» Der Lehrer «hat sich lange gegen diese Trennung der Schüler gewehrt. Noch im vergangenen Sommer sagte er, es sei das falsche Signal und klinge wie: Ihr gehört jetzt doch nicht mehr dazu. Heute sieht er keinen anderen Ausweg mehr. In Englisch gehe die Schere zu weit auseinander. Von gemeinsamem Unterricht könne da keine Rede mehr sein.» «Als er sich das eingestehen musste, sei ihm ‹ganz mulmig geworden›.» Schon

---

44 Heitkamp 2015, 8.
45 Otto 2015, 57.

jetzt nimmt der Förderlehrer «so oft wie möglich die Inklusi-onsschüler und ein, zwei andere aus dem Unterricht und ar-beitet mit ihnen separat in einem Nebenzimmer. ‹Die fangen noch mal bei Null an [...]. *He is ... she is ...* solche Dinge›.» Trotz solchen Rückschlags weiter glauben: das ist ein geradezu biblischer Umgang mit Anfechtung. «Herr, ich glaube, hilf meinem Unglauben.»[46] Oder in diesem Fall: Möge das mul-mige Gefühl mich nicht von der Inklusion abbringen, sondern dafür sprechen, daß sie schon viel früher einsetzen müßte.

Und so ist es auch vorrangig eine Glaubensfrage, wie man Schulversuche zur Inklusion beurteilt. Das war schon in den 1990er Jahren so, als in einem langjährigen Hamburger Ver-such Kinder, die nach herkömmlichen Kriterien in Sonder-schulen gehörten, in «integrative Regelklassen»[47] aufgenom-men wurden. Die Befürworter dieses Experiments verbuchten es bereits als Erfolg, daß es überhaupt glückte, Kinder mit und ohne Handicaps für mehrere Jahre gemeinsam in einem Un-terrichtsraum zu halten, und erachteten daher «die emotionale und soziale Integration» als «weitgehend gelungen».[48] Andere Beobachter, die vor allem auf das Leistungsniveau der integra-tiven Klassen schauten, erklärten den Versuch für krachend gescheitert.[49] Zwar mußten auch seine Befürworter einräu-men, daß «der Rückstand der lernproblematischen SchülerIn-nen nicht aufgeholt werden» konnte, «daß im Gegenteil die relative Position dieser SchülerInnen sich noch weiter ver-

46 Markus 9,24.
47 Um die Jahrhundertwende sagte man noch Integration, auch wenn man schon das meinte, was heute als Inklusion firmiert. Als Gegenbegriff zu Integration hat sich Inklusion erst im Gefolge der Behindertenrechtskonvention profiliert.
48 Hinz 1998, 111.
49 Schmoll 1998, 16.

schlechtert» hatte. Wocken gab sogar zu: «Die Negativbilanz der Integrativen Regelklassen ist in der Summe der Fakten bestürzend: weniger gymnasiale Empfehlungen, keine Reduktion von Sonderschulüberweisungen, durchgängiger Leistungsrückstand.» Nur focht ihn das nicht an. Inklusion sei doch primär dazu da, beeinträchtigte Kinder einzubeziehen, und nicht, ihre Leistungen bestimmten Normalitätsstandards anzunähern. Insofern wertete er den Hamburger Schulversuch als Erfolg. Er war ja «kein Unternehmen zur Abschaffung von Behinderungen, sondern zur Akzeptanz von Behinderungen».[50]

Mit andern Worten: Wer ein so wunderbares humanes Geschöpf wie die Inklusion will, muß auch ihre Kinderkrankheiten hinnehmen. Die werden sich schon legen, wenn die «Akzeptanz von Behinderungen» Allgemeingut geworden ist und die Slogans der Inklusion «Es ist normal, verschieden zu sein», «Vielfalt macht stark» oder «Jedes Kind ist besonders» auf ganzer Linie gesiegt haben. Dann wird es nicht mehr nötig sein, zur getrennten Beschulung in Mathe und Englisch zurückzukehren wie im Bremer Schulversuch. Es wird dann auch nicht mehr wie dort Jugendliche geben, die sagen: «Es nervt mich, dass wir in vielen Fächern so weit zurück sind.» «Warum kann man die Inklusionsschüler nicht wieder von uns trennen?»[51] Vielmehr wird sich das neue inklusive Miteinander als ein Gewinn herausstellen, der alle Einbußen an Leistungsniveau mehr als aufwiegt.

50 Wocken 2001, 396 und 401.
51 Otto 2015, 58.

O heilige Einfalt. Wie sollen denn die Kinderkrankheiten der Inklusion aufhören? Die Vereinten Nationen bestehen nicht aus Aposteln, sondern aus versierten Politikern und Diplomaten. Wenn die weltweit «an inclusive education system at all levels» fordern, aber die Umsetzung dieser Forderung ganz der Gesetzgebung und den Finanzministerien der Nationalstaaten überlassen, sollten sie da die herrschenden Weltmarktbedingungen, unter denen diese Staaten stehen, schlicht vergessen haben? Selbst führende Wirtschaftsnationen wie die USA, Deutschland und Japan laborieren an einer Arbeitslosenquote von 10 bis 20 und einer Staatsverschuldung von 70 bis 100 Prozent. Auch sie, nicht nur Griechenland oder Zypern, hängen am Tropf der großen Finanzmärkte und bekommen nur so lange weitere Infusionen, wie ihre Wirtschaftsleistung das aus der Sicht von Ratingagenturen rechtfertigt. Hoch verschuldete Staaten, die alle Hände voll damit zu tun haben, sich als Wirtschaftsstandorte zu behaupten, sollen gewährleisten können, daß buchstäblich alle, auch Kinder mit schwersten Behinderungen, überall voll «dabei» sein können und «niemand zurückgelassen» wird? Falls in den Vereinten Nationen daran ernstlich jemand glaubt, gehört er nicht in dieses Gremium. Er könnte es besser wissen.

Wie man das Wort Einheitsschule auch interpretieren mag – in einem Punkt läßt es keinen Zweifel: Es verlangt die Auflösung aller Sonder- und Spezialschulen, aller Abstufungen zwischen niederen und höheren Schulen. Das ergibt eine enorme Ersparnis an Gebäuden, Räumen und Lehrkräften. Die Kosten für Mieten, Einrichtung und Wartung sinken drastisch. Die Personaleinsparungen sind weniger offensichtlich, aber langfristig die entscheidenden. Am besten zeigt sich das an den Förderlehrern. Sie führen nun nicht mehr eigene Klassen wie einst in der Sonderschule, sondern werden in die Regel-schulen übernommen: als mobiler Eingreifdienst. Überall, wo ein normaler Fachlehrer an seine Grenzen stößt, weil die Ni-veauunterschiede im Klassenverband einfach zu groß sind, als daß er alle ins jeweilige Pensum einbeziehen könnte, da ist ein Förderlehrer zur Stelle und widmet sich den Schülern, die nicht mitkommen, sei es, daß er versucht, sie durch zusätzli-che Übungen Anschluß ans Klassenpensum finden zu lassen, sei es, daß er ein ermäßigtes Pensum mit ihnen durchnimmt – sie zieldifferent unterrichtet. Jedes Mal geht es um punktuelle Hilfe an Schwachstellen. Kinder, die nicht über die Zehner-grenze hinaus addieren oder ein bestimmtes Verb nicht konju-gieren können, sollen durch gezielte Förderung dazu befähigt werden. In Pädagogensprache: An die Stelle eines Defizits soll eine Kompetenz treten. Das ist ganz behavioristisch gedacht. Ein erwartetes Verhalten bleibt aus. Der mobile Dienst wird aktiv. Hat er das gewünschte Verhalten gefördert oder gar im-plantiert, so wendet er sich anderen Defizitkandidaten zu, an denen gewöhnlich kein Mangel herrscht.

So reduziert sich der Unterricht der Förderlehrer mehr und mehr auf punktuellen Reparaturbetrieb – an mehreren Kindern in einer Klasse, in mehreren Klassen, an mehreren Schulen. Daß die Förderlehrer ohne Führerschein und eige-nes Auto gar nicht berufsfähig wären, daß sie von Schule zu Schule fahren und nirgends recht hingehören, ist keine Kin-derkrankheit der Inklusion; es folgt strukturell aus der Auf-lösung aller Spezial- und Sonderschulen. Danach sind die Spezial- und Förderlehrer zwar Zubehör des Systems Regel-schule, aber immer nur zweite Lehrer im Klassenraum. Daß sie zu den Problemkindern ein stabiles Verhältnis aufbauen, kommt gelegentlich vor, ist aber strukturell nicht vorgese-hen. Sie sind ja immer nur stundenweise da – sozusagen zu Gast. Das Hausrecht hat der jeweilige Klassen- oder Fach-lehrer. «Es ist ein Glücksfall, dass wir so gut zusammenpassen.»[52] Dies Geständnis einer Klassenlehrerin, die eines Tages eine Förderlehrerin in ihrer Klasse vorfand, beleuchtet grell den Normalfall. Wo die Zuständigkeit des Klassen- oder Fachlehrers endet und die des Förderlehrers beginnt, läßt sich im konkreten Schulalltag nie klar definieren. Ständig gibt es da Überschneidungen, Reibungsflächen, Konfliktpotential, weswegen es viele Fachlehrer gar nicht ungern sehen, daß die Förderlehrer nur stundenweise kommen. Die Hilfe, die sie von ihnen bekommen, wird durch unablässige Vor- und Nachbesprechungen zum Rollenabgleich teuer bezahlt. Genauso viele Förder- wie Klassenlehrer: das würde die strukturell ungeklärte Situation zwischen normalem Unterricht und punktuellem Einsatz in Problemfällen nicht bereinigen. Vor allem aber würde es das ganze Projekt um seinen entscheidenden Einspareffekt bringen. Die Pointe ist doch gerade der Hebeleffekt: weniger Förderlehrer für mehr Klassen. Gegenwärtig, in der Übergangzeit, wo die Sonderschulen aufgelöst werden, gibt es noch einen gewissen Überhang an Förderlehrern. Danach wird ihre Zahl sinken, nicht steigen.

Inklusion neoliberal

Überzeugten Inklusionspädagogen stellt sich die Situation so dar: Ganz oben, in den Vereinten Nationen, sitzen die Guten, die eines Tages die Eingebung hatten, die Staatengemeinschaft auf eine rundum ausgrenzungsfreie Weltgesellschaft zu verpflichten, in die auch alle Behinderten eingeschlossen sein sollen. In der Mitte sitzen die Widersacher: der Staat und seine Behörden, die sich auf ausgrenzungsfreie Bildung verpflichtet haben, sie aber an allen Ecken und Enden hintertreiben. Und

52 Heitkamp 2015, 7.

die unten an der Basis müssen es ausbaden: zu Konditionen unterrichten, die den Namen Inklusion nicht verdienen. Das ist freilich eine krasse Verkennung der Koalitionsverhältnisse. Die Vereinten Nationen sind, bei all ihren unterstützenswerten Friedensappellen, immer auch ein Widerschein globaler ideologischer Kräfteverhältnisse. Erst als das neoliberale Ausgrenzungsparadigma zur globalen Sprachregelung tendierte, kamen sie denn auch darauf, ihre Behindertenrechtskonvention auszuarbeiten. Und als sie deren Umsetzung in die Hände der Staaten legten, gaben sie zugleich zu verstehen, daß nur diese die Konvention realitätstüchtig machen können – im Rahmen ihres Vermögens. Das ist nicht in allen Ländern gleich, aber überall zu gering. Der hochverschuldete Staat, dessen Bildungsetat unter strengster Aufsicht des Finanzministeriums steht, gehört genauso zum Neoliberalismus wie das herrschende Ausgrenzungsparadigma. Und so ist die Inklusion, die die Staaten umsetzen, eben die, deren Einführung wir gerade erleben. Deutschland wurde von den UN-Inspektoren vornehmlich gerügt, weil es sie nicht zügig genug umsetzt und zu wenig für ihre Akzeptanz tut, aber nicht, weil die Behindertenrechtkonvention eigentlich eine ganz andere gemeint hätte.

Die Kinderkrankheiten der laufenden Inklusion sind ihre Dauerkrankheiten. Die Förderlehrer werden der mobile Reparaturbetrieb bleiben, als der sie konzipiert sind, und immer zu wenige Stunden in der jeweiligen Klasse haben. Die strukturelle Zuständigkeitsunklarheit zwischen ihnen, den Fachlehrern und weiteren Integrationshelfern samt dem daraus entstehenden Dauergesprächs- und Abstimmungsbedarf wird als der schwierige Anfang einer neuen Form hoffnungsvoller Teamarbeit dargestellt werden, und all die von der Inklusion Überzeugten, die sie ausbaden müssen, werden noch eine Weile darauf dringen, daß der Staat für eine Inklusion, die diesen Namen verdient, endlich die gebührenden Mittel lockermacht. Doch es ist umgekehrt: Weil die reale Staatsverschuldung immer weniger Geld für Bildung erwarten läßt, ist eine weltweite Inklusionsoffensive in Gang gekommen.

Inklusion ist ein neoliberales Projekt, kein sozialkritisches oder gar «linkes». Um so mehr schmerzt es, zu sehen, wieviel pädagogischer Enthusiasmus dabei verbrannt wird. Vornehmlich junge Lehrer lassen sich von der Inklusionsidee entflammen, stecken ältere Kollegen an, leisten Überzeugungsarbeit bei Eltern und scheuen keine Mühen, um die ihnen anvertrauten Kinder mit auf den gemeinsamen Weg zu einem großen Ziel zu nehmen. Solche Lehrer kann man sich eigentlich nur wünschen. Doch ihr Enthusiasmus dient vornehmlich dazu, für den grauen Inklusionsalltag eine möglichst breite gesellschaftliche Akzeptanz zu schaffen. Solange sie den kläglichen Zustand der Inklusion noch auf einen Widersacher schieben können, werden sie sich ihren Enthusiasmus – ihren Glauben – womöglich bewahren. Wenn sie schließlich nicht mehr ignorieren können, daß der Widersacher der Inklusion das Realitätsprinzip der Inklusion ist, wird die Flamme ihres Enthusiasmus erlöschen und ein neues Burn-out hinterlassen.

Vielleicht öffnet sich dann der Blick dafür, wie platt und realitätsuntüchtig der Ausgrenzungsbegriff ist, auf dessen Kredit die Inklusionsoffensive begann. Ausgegrenzt = schlecht, eingebunden = gut: ach, wär's doch so einfach. Natürlich ist es schlecht, wenn man Kinder mit motorischen, sensorischen und geistigen Behinderungen sogleich in Spezialschulen auslagert, statt zu erproben, in welchem Maße sie an regulärem Unterricht teilnehmen können. Vielen schneidet man dadurch von vornherein Entwicklungsmöglichkeiten ab. Aber daß man sie allen abschneidet, ist eine durch nichts gedeckte Hochrechnung. Natürlich ist es schlecht, bei jeder Leistungsschwäche sogleich Sonderförderung zu verordnen und so womöglich Kinder als «behindert» zu stempeln, die es gar nicht sind. Aber soll man deshalb jede Spezialförderung, die beeinträchtigte Kinder so nahe wie möglich an das altersgemäße Stoffpensum eines Jahrgangs heranzubringen versucht, als Mißachtung ihres Andersseins, als Nötigung zum Gleichschritt erachten und jede Art regulären Unterrichts als gleichschaltend und ausgrenzend, solange er nicht alle vorbehaltlos einbezieht? Absurd.

Wie ein Abitur für alle kein Abitur mehr ist, so ist auch ein regulärer Unterricht für alle kein regulärer Unterricht mehr. Genaugenommen nicht einmal mehr gemeinsamer Unterricht, zumindest wenn man darunter versteht, daß alle Mitglieder einer Klasse oder Gruppe daran beteiligt sind, wie ein bestimmter Stoff, Sachverhalt oder Verlauf vorgestellt, erklärt und eingeübt wird. Gelernt wird nie an sich, sondern stets etwas Bestimmtes: wie man addiert und subtrahiert, Verben von Adjektiven unterscheidet, eine Rolle rückwärts macht etc. Jeder bestimmte Lernstoff aber setzt Grenzen. Zum einen kann die Gruppe, die ihn lernt, nicht beliebig groß sein. Zum andern muß sie zu seiner Erlernung gewisse Mindestvoraussetzungen mitbringen: zählen können, wenn es ans Addieren geht; Worte unterscheiden können, wenn sie die Eigenart von Verb und Adjektiv erkennen soll; über so viel Beweglichkeit verfügen, daß sie die Rolle rückwärts überhaupt probieren kann. Es gibt keine voraussetzungslosen Lerngruppen, weil es kein voraussetzungsloses Lernen gibt. Beim inklusiven Unterricht für alle – «Jedes Kind nach seiner Façon. Gemeinsam am gleichen Thema und jedes für sich»[53] – umfaßt die Gemeinsamkeit denn auch kaum mehr als den Klassenraum, das gleiche Lehrpersonal sowie ein paar unspezifische Obertitel. «Rechnen zwischen 1 und 100» soll dann etwa das «gleiche Thema» sein, an dem «alle gemeinsam» arbeiten. Faktisch ist es bloß eine Überschrift, unter der die einen mit Hilfe von

53 Heitkamp 2015, 7.

Kügelchen abzählen lernen und die andern Aufgaben zum Addieren und Subtrahieren, Multiplizieren und Dividieren bekommen. Unter dem Titel «grammatische Grundlagen» sind die einen mit dem Erkennen von Hauptwörtern beschäftigt, die andern mit der Bildung von Haupt- und Nebensätzen. Bei «gemeinsamem Sport» lernen die einen das Knie zu strecken, die andern die Rolle rückwärts. Jeder lernt für sich, allenfalls in Kleingruppen, ohne in die Lernprozesse der andern, die sonst noch im selben Raum sind, konkret einbezogen zu sein.

Von gemeinsamem Unterricht kann keine Rede sein. Noch weniger aber vom Ende der Ausgrenzung. Der Klassenraum, der jeden aufnimmt und jeden anders sein läßt, ist ein Raum, in dem gerade Behinderte und Lernschwache ihr Anderssein ständig knallhart demonstriert bekommen. Daß andere mehr können als sie, mag sie gelegentlich anspornen, aber nur solange sie irgendeine Chance wittern, halbwegs mithalten zu können. Wie aber, wenn diejenigen, denen Lesen- und Schreibenlernen, Gleichungen lösen, Hüpfen und Springen auf Grund ihrer Behinderung lebenslang verwehrt ist, ständig erleben müssen, daß Mitschüler das können und ihnen absichtlich oder unabsichtlich täglich vorführen, wovon sie ausgeschlossen sind? Dann zeigt sich, daß die Ausgrenzung nicht etwa verschwunden ist, sondern sich auf diffuse, kaum mehr greifbare Weise vervielfältigt und verfeinert hat. Sie verteilt Kinder nicht mehr grob und übersichtlich auf verschiedene Räume und Schulformen. Um so schärfer jedoch zieht sie viele feine Grenzlinien durch den einen Inklusionsraum und macht gerade in ihm das Ausgeschlossensein hautnah spürbar. Daß es Menschen geben könnte, denen diese Gleichzeitigkeit von Einschluß und Ausschluß unerträglich ist, wurde nicht einkalkuliert. Inklusion ist doch das schlechterdings Gute. Wer soll darunter leiden? Wer soll da hinaus wollen?

Das Inklusionskonzept duldet kein Außen. Unversehens

macht es die Grundbedeutung des lateinischen Wortes *inclusio* geltend: Einsperrung. Die im schulischen Inklusionsraum Zusammengeführten sind auf Gedeih und Verderb zusammengesperrt. Reim dich oder ich freß dich. Andere Schulräume und -formen kommen nicht mehr in Betracht. Daß Abgrenzen auch etwas anderes sein könnte als Ausgrenzen, nämlich Eröffnung eines Schonraums, worin sich stark behinderte Menschen erst einmal im Rahmen ihrer Möglichkeiten entwickeln können, ohne sich immer sogleich mit anderen vergleichen zu müssen, deren Niveau sie nie erreichen werden: das darf nicht sein. Menschen, denen es Halt und Sicherheit gibt, wenn sie erst einmal unter sich bleiben; die sich dadurch wechselseitig die psychosoziale Plattform verschaffen, von der aus sie dann auch mit andern klarkommen können: die dürfen nicht vorkommen. Da ist zum Beispiel die besondere Situation von «stark hörgeschädigten Kindern, Jugendlichen und Erwachsenen, die in ihrer Kommunikation wesentlich auf Gebärdensprache angewiesen sind. Ihr Wunsch, mit anderen Hörgeschädigten in Kontakt zu treten, sich mit ihnen in ihrer eigenen Sprache auszutauschen, ist außerordentlich stark entwickelt. Er ist schon deshalb unverzichtbar, weil sich darüber ein wesentlicher Teil ihrer Identität konstituiert».[54] Aber damit sabotieren sie das Inklusionskonzept – ebenso wie der erwähnte Bremer Schulversuch mit seiner Rückkehr zu getrenntem Englisch- und Mathematikunterricht. Konsequente Inklusion ruht nicht eher, als bis buchstäblich alle eingeschlossen sind. Bei Lichte besehen ist nicht einmal die Behindertenrechtskonvention konsequent genug. «An inclusive education system at all levels» – warum unterscheidet das denn überhaupt noch «levels»? Warum denn Jüngere und Ältere voneinander abgrenzen, wo man doch weiß,

54 Ahrbeck 2011, 54.

wie gern oft kleinere Kinder von größeren lernen, aber auch Eltern von ihren Kindern, und ohnehin alle lebenslang lernen sollen? Warum Grundschüler von weiterführenden Schulen ausgrenzen, Schüler von Studenten, Graduierte von Postgraduierten? Vorschulkinder im Doktorandenkolloquium: was wäre das für ein ungeahntes Geben und Nehmen!

Einheitsdruck

Der Trend zur Einheitsschule ist keine bloße Mode, die vielleicht schon in der nächsten Saison einer anderen weicht, sondern Folge des zunehmenden Drucks, den die gesamtgesellschaftliche Flexibilisierung aufs Schulsystem ausübt. Dieser Druck hat zur Inflationierung des Abiturs getrieben und damit auch Real- und Hauptschulen morsch gemacht. Noch mehr hat er sich auf die Sonderschulen gelegt. Deren Auflösung ist überall eingeleitet. Und die Förderlehrer? Nicht von ungefähr sind sie es, denen in der neuen Einheitsschule eine geradezu modellbildende Rolle zufällt. Zunächst einmal werden sie schlicht degradiert. Von ihrem Studium her sind sie höher qualifiziert als herkömmliche Grund- und Hauptschullehrer, wurden sie doch auf den Umgang mit hör- oder sehbehinderten, motorisch, mental oder verhaltensgestörten Kindern eigens vorbereitet. In der Einheitsschule werden sie aber nicht gemäß ihrer Ausbildung eingesetzt, sondern als «Mädchen für alles» – überall dort, wo die Klassen- oder Fachlehrer die Situation allein nicht regeln können. Den Förderlehrern wird ein Übermaß an Empathie und Belastbarkeit abverlangt; im Nu müssen sie sich auf neue, aufreibende Situationen einstellen – und sind dabei doch bloß die Helfer der Fachlehrer. Das ist unzumutbar – es sei denn, man erkennt darin ein neues Lehrprinzip. Wie, wenn man die degradierten Förderlehrer dadurch aufwertet, daß man gewissermaßen alle Lehrer zu

Förderlehrern macht und damit zugleich die mißliche Asymmetrie zwischen Förder- und Fachlehrern aus der Welt schafft? Warum sollen Fachlehrer noch ein reguläres Pensum vorexerzieren, wenn ohnehin «jedes Kind nach seiner Façon» lernt? Die Didaktik ist ja inzwischen nicht untätig geblieben. Sie hat für so gut wie jede Façon, jedes Niveau, jede zu erwerbende Kompetenz entsprechende Unterrichtsmaterialien entwickelt. Der Fachlehrer, der jedem Kind die ihm angemessenen Materialien austeilt, es eigenständig daran arbeiten läßt, ihm fördernd und beratend zur Seite steht, wenn es nicht vorankommt oder Fragen hat – und an der ausgeteilten Bastel- oder Knetmasse, dem Lückentext oder Multiple Choice schnell ablesen kann, ob das Kind sich erfolgreich damit beschäftigt hat: er leistet simultan, was keiner seiner Vorgänger vermochte: Unterricht für alle samt individueller Förderung für jeden einzelnen.

Freilich um den Preis, daß der Fachlehrer im wesentlichen zum Förderlehrer wird. Sein Unterricht schrumpft auf das Einführen und Austeilen von Arbeitsmaterialien. Danach fördert, berät, beurteilt er nur noch. Den herkömmlichen Förderlehrern hilft das wenig. Sie bleiben der mobile Eingreifdienst, der zwischen Klassen und Schulen nomadenhaft unterwegs ist. Aber in dieser Funktion werden sie unversehens zum Vorbild. Warum soll man nicht auch das seßhafte Lehrpersonal nomadisieren? Man schafft die Klassenlehrer ganz ab und bildet stattdessen mobile Teams von Lernbegleitern, aus denen zwar jedes Kind einen direkten Ansprechpartner zugewiesen bekommt, die aber simultan mehrere Klassen oder Gruppen betreuen und herkömmliche Förder- und Fachlehrerkompetenz nur noch an Brennpunkten einsetzen, wo der Umgang mit besonderen Behinderungen oder ein bestimmtes Sachwissen unerläßlich ist, während für das normale Alltagsgeschäft – das Austeilen und Einsammeln von Lernmaterial, das Aufsichtführen, gut Zureden und Beraten – oft Integrationshelfer oder Praktikanten vollkommen ausreichen. So entstehen die flexiblen Bildungslandschaften und offenen Lernräume der Zukunft, in denen alle betreut sind, jeder individuell gefördert wird und Lehrer zu beweglichen Teams von Lernbegleitern zusammenrücken.

Portfolio

In dieser Landschaft erübrigen sich ebenso gemeinsame Klassenarbeiten wie Zeugnisse. An deren Stelle tritt das «Portfolio».[55] Ein interessanter Begriff. Er stammt aus dem Finanzsektor und bezeichnet die Geldmenge, die einer Firma, Institution oder Person aktuell zur Verfügung steht, sei es als Guthaben oder als Kredit. Was aber haben Portfolios in Kindergärten und Grundschulen zu suchen? Eigentlich knüpfen sie dort an einen schönen Brauch an. Umsichtige Erziehungs- und Lehrkräfte sammeln von den ihnen anvertrauten Kindern erste Basteleien, Bildchen, Schreibversuche, Ausflugssouvenirs etc. und geben sie ihnen am Ende der gemeinsamen Zeit zurück: als eine Art Erinnerungsmappe. Klebt man der freilich das Etikett Portfolio auf, so verwandelt sie sich aus einem Sammelpunkt persönlicher Erinnerung in einen Anzeiger persönlichen Guthabens. Alle Leistungen, die das Kind erbringt, landen in der Mappe wie auf einem Konto. Nur daß es in der Einheitsschule das reguläre Pensum nicht mehr gibt, von dem aus der eigene Kontostand als Guthaben oder Schuld erscheint. So hat jedes Konto gewissermaßen seine eigene Währung. Sie wird in Guthaben gerechnet, pädagogisch gesagt: in Kompetenzen.

Das Portfolio stellt das Kompetenzprofil einer Person dar,

55 Münte-Goussar 2009, 44 ff.

aber nicht im Vergleich mit anderen, sondern gemessen an ihren eigenen Potentialen. Es registriert, was das Kind schon alles kann und worin es Fortschritte gemacht hat. Und irgend etwas kann jedes Kind. Schon die Säuglingsentwicklung wird heutzutage in Kompetenzterminologie erfaßt. Kaum geboren, kann sich der Säugling bereits ent- oder verspannen, wenn er berührt wird; bald kann er signalisieren, ob ihm das Badewasser oder die Nahrung behagt; er vermag auf Vertrautes und Fremdes, Gewohntes und Ungewohntes unterschiedlich zu reagieren, immer kräftiger zu schmatzen und aufzustoßen und die Windel allmählich bis zum Rand zu füllen. Ein hochkompetentes Subjekt. Diese Redeweise findet man heute bereits in Zeugnissen der ersten Klasse. Sven kann schon gelegentlich still sitzen, einen Kringel malen, bis drei zählen und sein Pausenbrot aufessen. So etwas bekommen Kinder attestiert, an denen die Lehrer schier verzweifelten. Im ersten Zeugnis ist solches Schmeichelvokabular bloß eine schonende Einführung, ehe die Beurteilung auf Noten umgestellt wird. Im Portfolio ist es die Umgangssprache. An ihrem Leitfaden durchläuft jedes Kind auf seiner eigenen Schiene in seinem eigenen Tempo die Schulzeit. Das Portfolio spiegelt ihm, was es alles gelernt hat, und spornt es zu weiteren Fortschritten an. Leistungsrückstände werden nicht aktenkundig; woran sollte man sie messen?

Kinder akkumulieren also während ihrer zehn- oder zwölfjährigen Schulzeit unablässig Kompetenzen, erweitern ihr Portfolio, ohne je an einer Klippe zu stehen oder um eine Versetzung bangen zu müssen, und dann – kommt die Abrechnung. Die aber wird nicht etwa von der Schule erstellt. Sie fällt vielmehr den Instanzen zu, die qualifizierte Schulabsolventen in Empfang nehmen wollen: Hochschulen, Ausbildungsbetrieben, Firmen. Sie werden in die Rolle von Clearing-Stationen gedrängt. Wohl oder übel müssen sie die vielen verschiedenen Währungen der einzelnen Portfolios in Auswahlkriterien für geeignete Bewerber umrechnen und die Selektion vollziehen, vor der sich die Einheitsschule gedrückt hat. Die weggeredete Ausgrenzung kehrt mit voller Wucht zurück. Der Arbeitsmarkt wirft seine langen Schatten voraus. Spätestens dabei erweist sich das Portfolio als das, worauf es von Anfang an angelegt war: eine Bewerbungsmappe. In einem Zeugnis wird man beurteilt – mit guten oder schlechten, gerechten oder ungerechten Noten, aber in Hinblick auf die Erfordernisse eines Sachgebiets. Eine Bewerbungsmappe hingegen bereitet man selbst auf. Man stellt die Stärken und Vorzüge zusammen, die man bescheinigt bekam oder zu haben glaubt, und rückt sie in möglichst günstiges Licht. Schwächen blendet man tunlichst aus. Wenn das Portfolio an die Stelle des Zeugnisses tritt, wird die Bewerbungsmentalität zum Medium der Selbstwahrnehmung. Wie gut man ist, bemißt sich danach, wie gut man sich darstellen kann. Das Portfolio zeigt einem, wer man ist – auf die schmeichelhafte Weise, in der einem von klein auf noch die bescheidenste Fertigkeit als Kompetenz attestiert wurde.

Was im Corporate Design «Erscheinungsbild» heißt, übernimmt im persönlichen Design das Portfolio. Es wird zur Identitätskarte. Damit aber auch zur ständigen Selbstprüfungsinstanz. Ich bin zwar hochkompetent; aber bin ich auch kompetent genug, um meine Arbeitskraft, meine Fähigkeiten, meine Produkte zu verkaufen? Bewerbungsmappen sind stets verbesserungsfähig. Bei erfolgloser Bewerbung regt sich sogleich der Verdacht, daß die Mappe zu wünschen übrigließ. Dabei messen diejenigen, die über Bewerbungen richten, nicht etwa bestimmte Leistungen an den Erfordernissen von Sachgebieten, sondern Aktenlagen und punktuelle Gesprächseindrücke an den Verwendungszwecken von Firmen oder Institutionen. Ihre Urteile sind gewöhnlich weit weniger sachlich als jedes Zeugnis, aber unter allgemeinen Portfolio-Konditionen steigen gerade Personalchefs zu definitiven Notengebern auf. Es gibt ja sonst keine mehr. Die Bescheide, die sie erteilen, bekommen die Autorität finaler Zensuren. Je mehr die Kompetenzakkumulation zum Bewerbungsmittel wird, desto mehr werden abgelehnte Bewerbungen als Erweis von Kompetenzmangel empfunden. Man hat versagt, ist selbst schuld.

Die brutale Kehrseite der Kompetenzschmeichelei tritt hervor. Wenn doch jeder so reich an Kompetenzen ist, warum müssen dann unentwegt angestrengt Kompetenzen modelliert werden? Weil sie offenbar Äquivalente für bestimmte Jobs, Karrieren, Gehaltskurven sind. Und die vielen Kleinkompetenzen, die sich gar nicht alle modellieren lassen, von denen es aber gerade bei Menschen, die in ihrer Entwicklung unterdrückt oder behindert sind, nur so wimmelt? Nun, auch die sind Geld wert, nur eben verdammt wenig. Es sind sozusagen Ein-Euro-Kompetenzen, die sich in der Grauzone prekärer Lebensverhältnisse entweder kostengünstig nutzen lassen oder ungenutzt liegen bleiben. Selbst an ihnen aber darf der flexibilisierte Arbeitsmarkt nicht achtlos vorbeigehen. Oder in Prechts Worten: «Firmen, Betriebe und Unternehmen können sich die soziale Selektion der Gegenwart schon lange nicht mehr leisten».[56] Sie müssen alles abschöpfen, was irgend lohnt.

Noch ist sie Zukunft: die neue Einheitsschule, die alle anderen Schulformen in sich aufgesogen hat, in der jeder zieldifferent beschult wird, in der Portfolios an die Stelle von Zeugnissen, Arbeitsblätter an die Stelle mündlichen Unterrichtens getreten sind und die Lehrertätigkeit wesentlich Fördertätigkeit ist. Aber diese Zukunft hat bereits begonnen. Die Arbeitsblätter dominieren längst schon, die Portfolios sind auf dem Vormarsch, die Hochschulen unter wachsendem Druck, eigene Zulassungsverfahren zum Studium zu entwickeln, wäh-

56 Precht 2013, 20; siehe oben, S. 15.

rend sich die Lehrer zunehmend selbst marginalisieren. Inzwischen sogar schon in Vorführstunden. «Praktikumsbesuch in der 9. Klasse einer Hauptschule: Eine Studienanfängerin gibt die erste Stunde». «Sie legt eine Folie als stummen Impuls auf und wartet die Reaktionen der Schülerinnen und Schüler ab, bis die gewünschte Antwort kommt, die darin besteht, das Stundenthema zu erraten. Nach einer kurzen Erläuterung verteilt die Praktikantin diverse Arbeitsblätter». «Der überwiegende Teil der Stunde vergeht mit ‹Stillarbeit›, während derer die Praktikantin hier und da den Fortschritt der Arbeit überprüft und Hinweise gibt.» «In den letzten fünf Minuten der Stunde wird per Folie mit der Besprechung der Lösungen begonnen, die aber wegen des Klingelns nicht mehr beendet werden kann. Die Praktikantin zeigt sich mit dem Ergebnis zufrieden und dankt für die eifrige Mitarbeit.» «Drücke ich in der Stundenbesprechung mein Bedauern darüber aus, dass ich von der Praktikantin […] als Lehrperson […] nicht viel habe wahrnehmen können, so bekomme ich eine erstaunlich professionell wirkende Antwort: Es entspreche doch nicht mehr dem modernen Bild vom Lehrer, dass er oder sie sich durch Frontalunterricht in den Mittelpunkt stelle, vielmehr gehe es darum, einen möglichst hohen Grad selbständiger Lernaktivität zu stimulieren und als Lehrperson in den Hintergrund zu treten, die nur bei Problemen einzelner Schüler helfend eingreifen solle.»[57]

Es wächst eine neue Pädagogengeneration heran, die dieses Konzept bereits umsetzt. Wie will man unter seinen Bedingungen aber überhaupt noch feststellen, welche Menschen sich zum Lehrberuf eignen? Im deregulierten Klassenraum hat ja kaum mehr jemand Gelegenheit, Schülern etwas vorzuführen, sich von einer Sache erfüllt zu zeigen und andere dafür

57 Dammer 2013, 27f.

zu begeistern, sie mitzunehmen auf gemeinsame mentale Entdeckungsreisen. Wenn der neue Typus des Lernbegleiters, der Materialien austeilt, Aufsicht führt, fördert, berät und begutachtet, sich flächendeckend so durchsetzt, wie es das gegenwärtige Flexibilisierungstempo erwarten läßt, dann wird man sich in zwei Generationen unter einer Lehrkraft nichts anderes mehr als diesen Typus vorstellen können. Lehrer gehören der Vergangenheit an. Man begegnet ihnen nur noch in Texten und Filmen – und in Erzählungen derer, die in ihrer Jugend solche Menschen noch erlebt haben.

3. Rückbesinnung auf den Lehrer

Neunmonatsrevolution

Säugetiere sind enorm gelehrig. Eines der prominentesten Beispiele ist der Pawlowsche Hund. Eigentlich wollte der russische Physiologe Iwan Pawlow den Zusammenhang von Speichelfluß und Verdauung untersuchen. Da wurde er gewahr, daß bei seinem Versuchstier, einem Hund, der Speichel nicht erst floß, wenn der Futternapf vor ihm stand, sondern schon, wenn zur Fütterungszeit die Schritte des Wärters hörbar wurden. Nahm der Hund diese Schritte selbst schon wie Futter wahr? Um diesen Verdacht zu bestätigen, ließ Pawlow, wann immer dem Hund Futter gereicht wurde, eine Glocke ertönen. Nach einer Weile ließ er die Glocke läuten, ohne daß dem Hund Futter gegeben wurde, und siehe da: Trotzdem löste der Glockenton Speichelfluß aus. Daß der Anblick und Geruch von Futter zu Speichelfluß führt, ist ein Naturreflex. Wenn die Schritte des Wärters bzw. der Glockenton Speichel fließen lassen, dann handelt es sich um einen gelernten Reflex. Der Organismus ist durch häufige Wiederholung auf ihn konditioniert worden. Er assoziiert nun Glockenton (bzw. Schritte) mit Futter, als wären sie dasselbe. Anders gesagt: Er hat gelernt, daß Glockenton = Futter. Pawlow sah in seinem Hundeversuch eine Urszene des Lernens.

Nun kann man zwar vielen Hunden beibringen, Glockentöne oder Leuchtsignale so mit Futter zu assoziieren, daß Speichel fließt, aber kein Hund wird dadurch befähigt, diesen andressierten Reflex an seinen Nachwuchs weiterzugeben. Zum Verhaltensrepertoire einer Spezies oder Rasse gehört alles, was die Altvorderen zu tun gewohnt sind und die Nachwachsenden nachmachen, und in dieses Repertoire geht das, was menschliche Versuchsanordnungen einzelnen Tieren beibringen, nicht ein. Zirkusaffen generieren keine Zirkusaffen. Wohl aber sind manche Affenarten ungleich gelehriger als Hunde. Der Anthropologe Michael Tomasello hat hierzu neue Einblicke eröffnet. Lange glaubte man, nur der Homo sapiens sei zum Umgang mit Werkzeugen fähig. Aber auch Schimpansen nehmen sich herumliegende Stöcke und «angeln» sich damit Früchte oder Kleintiere, an die sie mit bloßen Händen nicht heranreichen. Mehr noch. Schimpansen lernen enorm viel über Gegenstände, indem sie beobachten, wie andere damit umgehen. «Wenn z.B. eine Mutter einen Holzblock wegrollt und die Insekten darunter frißt, wird ihr Kind sehr wahrscheinlich dasselbe tun. Das geschieht einfach deshalb, weil das Kind von der Mutter gelernt hat, daß sich Insekten unter dem Holzblock befinden». «Aber es lernte von seiner Mutter nicht, wie man einen Holzblock wegrollt, um Insekten zu fressen».[58]

Das ist ein entscheidender Unterschied. Das Schimpansenkind macht nach, was seine Mutter tat, aber die Mutter tat das nicht, um dem Kind zu zeigen, wie es funktioniert. Sie wollte einfach nur die Insekten haben. Das Kind lernte, wie man das macht, aber sie lehrte es nicht. Die Handlung eines andern nachmachen ist eines; ein anderes jedoch, eine Intention darin wahrzunehmen. Nicht, daß Schimpansen keine Intentionen hätten. Sie lernen sogar, einige davon auf Umwegen zu verfolgen, halten sich zum Beispiel eher an Personen, die sie mit Futter hantieren sahen, als an solche, die das nicht taten, oder sie werden sogar so raffiniert, «eine Person um Futter zu bitten, die gesehen hatte, wie dieses Futter versteckt wurde, im Gegensatz zu jemandem, der das nicht gesehen hatte» (33 f.).

58 Tomasello 2002 [1999], 44. Weitere Seitenzahlen im Text.

Sie verbinden Futter nicht nur, wie der Pawlowsche Hund, mit Gleichzeitigem und Allernächstem, sondern auch mit Vergangenem und Entferntem. Sie assoziieren sozusagen um die Ecke, erkennen nicht nur direkte Verweise aufs Futter, sondern auch Verweise auf diese Verweise; aber immer nur im Dienste des Futter-haben-Wollens. Es ist ausschließlich diese eigene Intention, die ihnen ihre Umwelt strukturiert und differenziert. Andere Lebewesen als zwecksetzende, intendierende wahrzunehmen gelingt ihnen hingegen nicht.

Das aber vermögen menschliche Kleinkinder. Nicht von Anfang an. Sie kommen nicht klüger auf die Welt als Schimpansen, in bestimmter Hinsicht sogar dümmer, nämlich viel hilfloser und ungeschickter, motorisch weitgehend unfähig, das nachzumachen, was ihre Artgenossen um sie herum tun. Dafür haben sie eine starke Neigung, den Erwachsenen, die für sie sorgen, ins Gesicht zu schauen, und zeigen hohe Empfänglichkeit für deren jeweilige Stimmung. Für sich genommen würde das noch nicht viel besagen. Aber dann geschieht etwas, was Tomasello «die Neunmonatsrevolution» genannt hat. «Sechs Monate alte Säuglinge interagieren dyadisch mit Gegenständen, indem sie nach ihnen greifen und sie manipulieren, und sie interagieren dyadisch mit anderen Menschen». «Wenn sie Gegenstände in Gegenwart von anderen manipulieren, ignorieren sie meistens die Anwesenden. Wenn sie in Gegenwart von Gegenständen mit anderen interagieren, ignorieren sie meistens die Gegenstände. Zwischen ungefähr neun und zwölf Monaten beginnt jedoch eine Reihe neuer Verhaltensweisen aufzutauchen» (84). Die Kinder fangen an, «auf anpassungsfähige und zuverlässige Weise dorthin zu blicken, wohin die Erwachsenen blicken (Verfolgen des Blicks), mit ihnen während relativ langer Zeitspannen in bezug auf einen Gegenstand sozial zu interagieren (gemeinsame Beschäftigung), Erwachsene als soziale Bezugspunkte anzusehen (soziale Referenzbildung) und mit Gegenständen in derselben

Weise wie die Erwachsenen umzugehen (Imitationslernen).» (85) Sich von Erwachsenen auf Dinge hinweisen lassen («Da, schau mal») und dieses Verhalten selbst übernehmen, nämlich auf Gegenstände zeigen oder sie hochhalten, damit die anderen sie bemerken: das ist ein triadisches Verhalten, welches bei Affen nicht vorkommt – ein «spezifisch menschliches Kommunikationsverhalten» (86).

Trias

Was aber mag Hominiden zu solcher Trias getrieben haben?[59] Freiwillig gehen triebgesteuerte Wesen ja nicht von ihren eingespielten Verhaltensweisen ab. Wenn Schimpansen sich die begehrte Nahrung mit Stöcken herbeiziehen oder sie mit Aufbewahrungsorten und Personen verknüpfen, die nur entfernt mit ihr zu tun haben, so zeugt das zwar von einer hohen Dehnbarkeit ihres Assoziationsradius, ändert aber nichts daran, daß es ihr Futterdrang war, der zu dieser Horizonterweiterung führte. Triadisches Verhalten hingegen ergibt sich weder aus Nahrungs- noch Sexualdrang. Im Gegenteil: Solange ich einer Person einen Gegenstand zeige, kann ich ihn nicht konsumieren; solange ich sie auf den Gegenstand auf-

---

59 Auf diese Frage hat Tomasello nur Verlegenheitsantworten. Er nennt etwa die «Vorteile» (257) des neuen Artverhaltens, vor allem den «Wagenhebereffekt» (54), der von der neuen Kommunikationsweise auf alles weitere Lernen des Homo sapiens ausging und damit die Evolution exponentiell beschleunigte. Doch Tiere ändern ihr Verhalten nicht, damit ihre Art davon Vorteile hat, und das Evolutionstempo ist ihnen herzlich egal. Umgekehrt: Das geänderte Verhalten gewisser Tiere erwies sich nachträglich als vorteilhaft für ihre Art und beschleunigend für bestimmte evolutionäre Prozesse.

merksam mache, kann ich sie nicht direkt genießen. Der Gegenstand schiebt sich zwischen mich und die Person, die Person sich zwischen mich und den Gegenstand. Das Dritte hemmt die unmittelbare Triebbefriedigung. Triebwesen aber hemmen ihre Triebnatur nicht aus Lust und Laune. Sie müssen es nötig haben. Der Mangel muß sie treiben.

Über den Menschen als Mangelwesen aber hat Platon dem Sophisten Protagoras einen wunderschönen Mythos in den Mund gelegt. Die olympischen Götter haben die Titanenbrüder Prometheus und Epimetheus beauftragt, die sterblichen Lebewesen zu formen und angemessen auszustatten. Epimetheus übernimmt diese Aufgabe und verkalkuliert sich dabei. Allen Tierarten verleiht er irgendeine Eigenschaft, die sie lebenstüchtig macht: Stärke, Schnelligkeit, Flügel, dickes Fell, Klauen, Hufe, scharfe Zähne etc. Als er jedoch an den Menschen kommt, sind alle helfend-schützenden Eigenschaften schon vergeben. Ausgerechnet der Mensch bleibt «nackt, unbeschuht, unbedeckt, unbewaffnet», und Prometheus, um das Versagen seines Bruders nicht ruchbar werden zu lassen, eilt in die olympische Sphäre, stiehlt dem Hephaistos und der Athene die «kunstreiche Weisheit»[60] und verleiht sie dem Menschen zur Kompensation seiner Mangelhaftigkeit und Lebensuntüchtigkeit.

Was aber ist «weise» am triadischen Verhalten? Nun, offensichtlich sind menschliche Säuglinge mehr als alle anderen jungen Säugetiere nackt, unbedeckt und unbewaffnet – was so lange unerheblich scheint, wie sie von aufmerksamen Eltern gehegt und gepflegt werden. Doch auch bei bester Pflege geraten sie nach etwa neun Monaten an eine Klippe, die sie zu einem Verhaltensumschwung nötigt. Es beginnt nämlich die Zeit ihrer Entwöhnung. Die aber ist eine Art zweiter Geburt.

---

60 Platon, *Protagoras*, 321 c und d.

Bei der ersten wurden sie aus dem wärmenden, nährenden, schützenden Mutterleib hinausgepreßt. Nun werden sie vom Tropf der Mutterbrust abgesetzt. Der Säugling wird gewahr, daß diese Brust (oder was immer ihre Stelle vertritt) nicht einfach sein Zubehör ist, sondern einer anderen Person angehört, die ihm zu verstehen gibt: Ich bin nicht du. Die Zurückweisung, die ihm damit widerfährt, ist kaum zu überschätzen. Er wird von der Mutter getrennt und auf sich zurückgeworfen. Er erlebt sich als Nicht-Sie – als nichtig. Aber dies Nichtige ist *er*. Seine Selbsterfahrung beginnt als Nichtigkeitserfahrung. Sie macht ihn im wörtlichen Sinne zum Subjekt (*subiectum* = das Unterworfene, Unterlegene) und die Mutter zum Objekt (*obiectum* = das sich Entgegenstellende, Widersetzende). Aber erst die sich entziehende, zum Objekt werdende Mutter geht dem Säugling überhaupt als Person auf. Vorher war sie vor allem nährende Brust, begleitet von einer Stimme, umgeben von einem Gesicht und Händen. Auch was sonst noch in den Kreis des Kindes trat, wurde zur diffusen Umgebung des mütterlichen Zentralorgans; sorgsam pflegende Väter nicht ausgenommen.

Mit der Entwöhnung kehrt sich das Verhältnis um. Die Brust der Mutter tritt zurück, sie wird zu einem bloßen Teil ihres Organismus, und erst als dieser Organismus wird die Mutter zum Gegenüber des Kindes. Die physische Gemeinsamkeit beider, die Muttermilch, versiegt. Der Säugling erleidet ihren Entzug, auch der Mutter ist nicht wohl dabei. Um ihm und sich über die Zurückweisung hinwegzuhelfen, die sie ihm *nolens volens* antut, weist sie ihn nun vermehrt auf anderes hin. Er wiederum wird für diese Hinweise in dem Maße empfänglich, wie er den Entzug der Mutterbrust verschmerzen muß. Er läßt sich von ihr ablenken – umlenken auf Sachverhalte. Die sind zunächst nichts anderes als Substitute der entzogenen Brust. Ihre Wahrnehmung ist eine Art erweitertes Daumenlutschen. Diese Sachverhalte aber stiften eine neue Gemeinsamkeit zwischen Mutter und Kind. Statt sich nur *einander* zuzuwenden, beginnen sich beide gemeinsam einem Dritten zuzuwenden. Dies Dritte ist nicht einfach «da». Es muß durch Gesten und Worte zu einem Dritten allererst gemacht werden. Es ist keine unmittelbare physische Gemeinsamkeit mehr wie die Muttermilch, sondern eine mental vermittelte.

Zeigen

Mit der Neunmonatsrevolution beginnt die individualgeschichtliche Mentalisierung. «Da, schau mal» sagt die Mutter etwa, wenn sie auf einen sich im Wind bewegenden Zweig, eine sich putzende Katze, einen einfallenden Lichtstrahl zeigt; «horch», sagt sie, wenn sie das Kind für ein besonderes Geräusch empfänglich machen will oder eine Spieluhr vor ihm ablaufen läßt. Sachverhalte sind nicht einfach Dinge, sondern aus einer diffusen Ding- und Reizwelt hervorgehobene, herausgemerkte Gebilde. Und kindliches Herausmerken funktioniert nicht ohne Zu- oder Abneigung, also nicht, ohne daß das Herausgemerkte mit Emotionen belegt, mit Attributen wie stark, schwach, groß, klein, schön, häßlich, köstlich, eklig, kalt, heiß versehen wird. Die Sachverhalte, die so entstehen, sind nicht notwendig fiktiv, aber sie werden durch Hervorhebung erst konstituiert – gewöhnlich nicht durch einmalige Hervorhebung. Zu einem *gemeinsamen* Dritten wird in der Regel erst, was immer wieder hervorgehoben wird, und zwar nicht nur einseitig. Die Mutter mag durch ihr zeigendes Hervorheben einen Sachverhalt zwar initiieren; aber erst wenn das Kind ebenfalls auf ihn zeigt und ihn seinerseits der Mutter zeigt, festigt er sich zum gemeinsamen Sachverhalt beider, an den wiederum weitere Gesten und Worte andocken können. So werden feste, immer wiederkehrende Sachverhalte, vom Morgenbrei bis zur Gutenachtgeschichte, allmäh-

lich zu rituellen, Halt gebenden, den Tagesablauf strukturie-
renden Orientierungsmarken.

Etwas gezeigt zu bekommen kann beglückend sein. Aber
Zeigen ist nicht aus Spaß entstanden. Es ist in der Altsteinzeit
ein epochaler Notausgang gewesen, den sich nicht von ungefähr die Lebewesen eröffneten, die im Verhältnis zu ihrem
Körpervolumen das größte Gehirn haben. Ihr Organismus ist
am meisten von Nerven durchzogen. Sie laborieren am meisten an Verletzungen und Entbehrungen und sind mit der trau-
matisierenden Gewalt der sie umgebenden Natur besonders
schlecht zurechtgekommen. Diese Not machte sie aber auch
in besonderer Weise gelehrig. Und als einer ihrer elementaren
Kunstgriffe, als eine der ersten Proben der dem Hephaistos
und der Athene entwendeten «kunstreichen Weisheit», darf
das Zeigen gelten. Das Ausstrecken eines Arms samt Zeigefin-
ger ist schon ein verflachtes Zeigen. Seine authentische Form
ist das Erheben beider Arme mit offenen ausgestreckten Händen: die ursprüngliche Gebetshaltung. Dasjenige, worauf sie
zeigte, war das Heilige. Es überkam menschliche Kollektive
beim Opfervollzug – in dem Moment, wo die Schlachtung des
Opfers erfolgte. Indem man dem Heiligen kollektiv Arme
und Hände entgegenstreckte, gemeinsam auf es zeigte, es sich
dabei wechselseitig zeigte, suggerierte man sich seine Anwe-
senheit und beschwor es, das Opfer anzunehmen – und alle
anderen zu verschonen.

Das Heilige ist, menschheitsgeschichtlich gesehen, das erste
gemeinsame Dritte, sozusagen der erste Sachverhalt. Der freilich war ein Gebilde inständigen Wünschens, kein objektives
Faktum und dennoch ein Produkt jener «kunstreichen Weisheit», mit der die nervöseste Tierart den Mangel ihrer besonderen Verletzlichkeit zu kompensieren lernte. Diese Weisheit
erscheint auf den ersten Blick als kapitale Dummheit, bestand
sie doch darin, den natürlichen Fluchtimpuls zu hemmen, sich
also vollends wehrlos zu machen. Doch gerade das erwies sich

als Kunstgriff: Wenn es zu spät ist, um sich durch kollektive Flucht vor Traumatisierung zu retten, dann den Fluchtimpuls umwenden, die Flucht nach vorn antreten, sich in Eigenregie noch einmal antun, was traumatisierende Naturgewalt einem angetan hat, noch einmal ähnlich über einzelne Stammesgenossen herfallen, wie Naturkatastrophen zuvor über den ganzen Stamm hereingebrochen waren – und so allmählich die neuronalen Abfuhrwege anlegen, auf denen die peinigende traumatische Erregung abfließen kann. Pädagogisch gesprochen: Den Schrecken, auf den keine Vorbereitung möglich war, durch Nachbereitung bewältigen, sich nachträglich gegen ihn immunisieren, sich sozusagen nachimpfen.

Das ist der Kunstgriff des traumatischen Wiederholungszwangs: Das Schreckliche wiederholen, um vom Schrecklichen loszukommen. Die Logik dieses Zwangs ist die Logik des Opfers. Und Opfer sind der Preis der Menschwerdung gewesen. Es gibt keine opferlosen menschlichen Kulturen. Und es gibt kein Opfer, das nicht an eine höhere rettende Macht adressiert wäre. Das Heilige ist ein Rettungsversprechen, das sich über dem zwanghaft wiederholten Hinschlachten eigener Stammesgenossen und kostbarster Tiere auftat. Natürlich rettete das Heilige nicht wirklich. Es war ja kein höheres Wesen, das schützend hätte eingreifen können, sondern lediglich der geheiligte, als Schutzmacht imaginierte Schrecken. Aber eben diese Imagination erfüllte den Tatbestand des ersten gemeinschaftlichen, durch kollektives Herbeirufen und Zeigen gestifteten und befestigten Sachverhalts. Die Imagination des Heiligen linderte. Sie half über das Hinschlachten hinweg. Sie gab ihm einen Adressaten – einen Sinn.

Sachverhalte sind Sinngebilde. Und sie beginnen imaginär. Das gilt menschheitsgeschichtlich ebenso wie individualgeschichtlich. Auch unter Hochkulturbedingungen sind die ersten Sachverhalte, die ein Kind sich konstruiert, zusammengewünschte, imaginäre Gebilde. Selbst wenn es «Mama» sagt, meint es nicht bloß eine bestimmte Person, sondern eine diffuse Art von Weltmittelpunkt. Allerdings muß sich die Imagination erst einmal entfalten dürfen; sonst vermag sie sich nicht zur Realitätstüchtigkeit zu entwickeln. Noch das nüchternste Realitätsbewußtsein zehrt von Imaginationen. Deshalb ist die Neunmonatsrevolution so wichtig. Da beginnt sich die Imagination von der bloßen Wahrnehmung abzulösen. Das Zeigen ist die Geste, die wie nichts sonst diese Ablösung befördert und dazu beiträgt, daß sich flüchtige imaginäre Gebilde zu gemeinsamen Sachverhalten festigen. Indem man sie sich wechselseitig zeigt, gemeinsam die Aufmerksamkeit bei ihnen verweilen läßt, werden sie zu Zufluchtsstätten, die über gemeinsame Verletzungen und Entbehrungen hinweghelfen. Sachverhalte geben Trost. Wer sich in sie versenkt, vergißt seine eigene Mangelhaftigkeit, Gebrechlichkeit, Sterblichkeit. Nicolas Malebranche hat nicht übertrieben, als er die Aufmerksamkeit «ein natürliches Gebet» nannte.[61] Sie ist eine profane Form von Andacht, wie das alltägliche Zeigen ein profanierter Abkömmling der Gebetshaltung.

Rousseauismus

Kindern fällt natürlich nicht nur auf, worauf sie hingewiesen werden. Sie bemerken tausend Dinge um sich herum. Aber bloß Bemerktes entgleitet auch schnell wieder, wenn man nicht lernt, es zu Sachverhalten zu festigen, und dafür ist das Hingewiesenwerden eine unerläßliche Hilfe. Erst das gemeinsame Befestigen von Sachverhalten befähigt Kinder, dann auch selbst welche zu befestigen. Die ersten Sachverhalte, die ihnen zuteil werden, sind zugleich Muster aller weiteren Welt-

61 Malebranche 1995 [1707], 105.

erschließung. Nicht nur ihr Inhalt, auch die Atmosphäre, die Intensität, die Konstellation ihres Zustandekommens werden auf den weiteren Entdeckungsweg mitgenommen. Dennoch fangen Sachverhalte klein an. Zunächst einmal sind sie lediglich Entwöhnungsprodukte, Substitute der Mutterbrust. Die Aufmerksamkeit verweilt bei ihnen, weil die Mutter oder ihr Repräsentant (mit dem Ende der Stillzeit wächst ihre Vertretbarkeit) auf sie hinwies. Das erste kindliche Befestigen von Sachverhalten ist ganz abhängig von nahestehenden Personen und deren Emotionen. Was sie als schön, häßlich, groß, klein, köstlich, eklig etc. hervorheben, das lernt das Kind genauso zu empfinden. Und auch diese Empfindungen werden zu Mustern. Sachverhalte, die das Kind als muttergemäß empfindet, nimmt es auf. Andere, die es als mutterwidrig wahrnimmt, machen ihm Angst. Was bedroht, möchte man nicht lernen. Wenn man es trotzdem lernt, dann nur, weil es sich verletzend einprägt. Man wird dann darauf konditioniert.

Auch unter günstigsten Umständen findet Lernen von Anfang an in einem mütterlich imprägnierten psychodynamischen Konfliktfeld statt. Zurückweisung und Entbehrung gehören ihm immer schon an. Sie werden nicht erst in der Entwöhnungsphase erfunden. Da bekommen sie nur eine neue Qualität. Die Pioniere der neuzeitlichen Pädagogik haben dies frühkindliche Konfliktfeld entweder ganz ausgeblendet oder lediglich als zivilisatorischen Störenfried wahrgenommen. Allen voran der sogenannte Entdecker der Kindheit, Jean-Jacques Rousseau. «Man kennt die Kindheit nicht». «Die Klügsten bedenken nur, was Erwachsene wissen müssen, aber nicht, was Kinder aufzunehmen imstande sind. Sie suchen immer nur den Mann im Kind, ohne daran zu denken, was er vor seinem Mannsein war.»[62] Mit diesen Worten erklärte Rous-

62 Rousseau 1978 [1762], 5 und 9.

seau der gesamten höfischen und bürgerlichen Erziehung seiner Zeit den Krieg. Daß Kinder eigene Wesen sind, nicht bloß angehende Erwachsene; daß man ihrer Gegenwart gerecht werden muß, wenn man ihrer Zukunft dienen will: das hatte niemand zuvor mit solcher Deutlichkeit hervorgehoben. Rousseaus Scharfblick für die Zwänge und Unterdrückungsmechanismen der zeitgenössischen Erziehung samt ihrer Unfähigkeit zum Respekt gegenüber kindlichen Bedürfnissen und Vorstellungen enthält allerdings einen gravierenden blinden Fleck: den Glauben an den von Natur aus unverbildeten Menschen, den erst die Einrichtungen der Gesellschaft unterdrücken und verformen. «Alles ist gut, wie es aus den Händen des Schöpfers kommt; alles entartet unter den Händen des Menschen.» «Alles dreht er um, alles entstellt er. Er liebt die Mißgeburt, die Ungeheuer. Nichts will er haben, wie es die Natur gemacht hat, selbst den Menschen nicht.» Bei der Parteinahme für das Kind und gegen seine soziale Verbiegung verfiel Rousseau wie von selbst auf das Welterklärungsschema von der guten Natur und der verkehrten Zivilisation. Dadurch wurde es freilich nicht richtiger. Es verklärt den Naturzustand. Als die Grundlage aller Kultur soll er auch den Maßstab jeglicher Kulturkritik und das Vorbild für ein harmonisches soziales Miteinander enthalten. Gut und vernünftig sei, was natürlich ist. In der Philosophie nennt man das einen naturalistischen Fehlschluß.

Wer sich wirklich als Anwalt des Kindes versteht, hat es allerdings nicht leicht, diesem Fehlschluß zu entgehen. Nicht von ungefähr entfaltete er erneut seinen Sog, als die Paukschule preußischen und viktorianischen Typs mit ihrem militärischen Drill und gedankenlosen Auswendiglernen um 1900 eine Gegenbewegung hervorrief: die Reformpädagogik. Sie stellte ein weiteres Mal das Kind in den Mittelpunkt, propagierte seine naturgemäße, «organische» Entwicklung gegen seine unnatürliche gesellschaftliche Zurichtung und erprobte

neue Methoden zur Wiedergewinnung des kindlichen Natur-
bezugs. Alle zu lernenden Sachverhalte sollten anschaulich,
möglichst allen Sinnen zugänglich, in einem wörtlichen Sinne
begreiflich werden. Man stellte die Unterrichtsmaterialien
selbst her (Maria Montessori); man verblieb zum Naturkun-
deunterricht nicht im Klassenzimmer, sondern begab sich in
Wald und Feld (Hermann Dietz). Die Kunsterziehungsbewe-
gung (Alfred Lichtwark) machte das ästhetische Erleben und
Gestalten zur Grundlage aller Bildung. An abgelegenen Orten
gründete man «Landerziehungsheime» (Hermann Dietz, Paul
Geheeb, Gustav Wyneken), in denen die Schulgemeinschaft
zugleich Lebensgemeinschaft sein und den ganzen Menschen
einbeziehen sollte, nicht nur sein Erscheinungsbild während
der Schulstunden.

Anschaulicher, erfahrungsgesättigter Unterricht, der Schüler als selbsttätige, ebenso physisch-sinnlich wie geistig zu ent-
wickelnde Wesen wahrnimmt, gilt heute als Standard. Zu seiner Durchsetzung hat die Reformpädagogik entscheidend
beigetragen. Das ist ihr großes Verdienst, auch wenn keine ihrer Richtungen vom rousseauistischen Hang zur Naturverklä-
rung ganz frei ist. Er ist ihr unbewältigtes trübes Erbe. Prompt
hat es sich im Zuge der gegenwärtigen «Bildungsrevolution»,
diesmal mit neoliberalem Akzent, wieder geltend gemacht.
«Jeder Mensch mit einem intakten Gehirn kommt mit einem
tiefen Bedürfnis zu lernen auf die Welt. Alles Unbekannte
zieht uns an, will begriffen, ertastet und erforscht werden. Wir
lernen laufen, weil wir es wollen, wir lernen sprechen, weil wir
es wollen, und wir lernen verstehen, weil wir es wollen. Unsere
Neugier auf das Leben ist von Natur aus unbändig und unge-
bändigt.»[63] Solche Töne verhalten sich zu Rousseau wie Neo-
gotik zu Gotik. Sie sind Kitsch. Alles Unbekannte zieht uns

63 Precht 2013, 196.

an? Keineswegs. Schlechterdings Unbekanntes schreckt und bedroht. Unbekanntes, das Interesse zu wecken beginnt, ist schon zum Außenbezirk von Vertrautem geworden. Wenn Kinder anfangen, fremde Hunde zu streicheln, Schmetterlinge zu verfolgen, herumliegende Messer, Dosen, Häuflein zu betasten und zu beriechen, so geschieht das gewöhnlich in häuslicher Umgebung oder auf gesichertem Boden, wo Eltern oder andere Bodyguards in Sicht- oder Rufweite sind.

Neugier ist alles andere als unbändig. Sie braucht einen beträchtlichen Sicherheitsfundus. Und Lernen ist keineswegs ein menschliches Grundbedürfnis. Menschen lernen nicht, um zu lernen oder weil Lernen an sich so schön ist. Sie lernen, um Widerstände zu überwinden, um über das Gefühl von Mangel, Ohnmacht, Nichtzugehörigkeit, Gebrechlichkeit oder Sterblichkeit hinwegzukommen.[64] Wo immer das gelingt, ist

64 Das war schon die Pointe von Platons Pythagoras-Mythos. Die «kunstreiche Weisheit» aus den Werkstätten des Hephaistos und der Athene ist der Kunstgriff der mentalen Mangelkompensation. Oder in Worten Nietzsches: «was versteht eigentlich das Volk unter Erkenntniss? was will es, wenn es ‹Erkenntniss› will? Nichts weiter als dies: etwas Fremdes soll auf etwas *Bekanntes* zurückgeführt werden. Und wir Philosophen – haben wir unter Erkenntniss eigentlich *mehr* verstanden? Das Bekannte, das heisst: das woran wir gewöhnt sind, so dass wir uns nicht mehr darüber wundern, unser Alltag, irgend eine Regel, in der wir stekken, Alles und Jedes, in dem wir uns zu Hause wissen: – wie? ist unser Bedürfniss nach Erkennen nicht eben dies Bedürfniss nach Bekanntem, der Wille, unter allem Fremden, Ungewöhnlichen, Fragwürdigen Etwas aufzudecken, das uns nicht mehr beunruhigt? Sollte es nicht der *Instinkt der Furcht* sein, der uns erkennen heisst? Sollte das Frohlocken des Erkennenden nicht eben das Frohlocken des wieder erlangten Sicherheitsgefühls sein?» (Nietzsche 1988 [1887], 593 f.)

Lernen «schön». Die ersten Zeigegesten, die zwischen Mutter und Kind ein gemeinsames Drittes stiften, sind deshalb so beglückend, weil sie über die Verstoßung, die in jeder Entwöhnung steckt, hinweghelfen. Sie führen zur Aufnahme des Kindes in die Gemeinschaft der Sachverhalte – in jene menschenspezifische Gemeinschaft, zu der alle andern Tierarten nicht gelangt sind. Der Beginn des wechselseitigen Zeigens ist die Menschwerdung im engeren Sinne. Der Mensch ist das zeigende Tier. Er macht seinen Nachkommen nicht nur vor, was die dann nachmachen. Sondern er hebt Sachverhalte hervor, die er dann mit ihnen teilt. Zeigendes Hervorheben ist Lehren. Das zeigende Tier ist auch das lehrende Tier, und die ersten Lehrer sind Mütter und ihre Trabanten. Sie mögen mit dieser Rolle überfordert sein, aber sie können gar nicht anders, als ihre Kinder auf alles Mögliche hinzuweisen und deren Einführung in die menschenspezifische Gemeinschaft zumindest zu initiieren. Gelegentlich geschieht das auf so mangelhafte Weise, daß die gemeinsamen Sachverhalte über das Niveau von Bauruinen nicht hinauskommen. Aber selbst dann sind die Eltern (oder ihre Repräsentanten) hervorhebend tätig. Sie lehren. Sie können miserable Lehrer sein, aber nicht Nicht-Lehrer.

Versachlichung

Doch selbst wenn Eltern gute Lehrer sind, ist es nicht gut, wenn sie für längere Zeit die einzigen Lehrer bleiben. Dafür stehen sie ihren Kindern zu nahe. Es ist unvermeidlich, daß sie ihnen unabsichtlich stets viel mehr vormachen, als sie absichtsvoll hervorheben. Körpersprache, Tonfall, Akzent, Launen, Marotten, Unarten: all das überträgt sich in nie ganz kontrollierbarer Weise mit, wenn sie etwas zeigen, auf etwas hinweisen, es einfordern. Es bleibt nicht aus, daß zwischen absichtlich Hervorgehobenem und unabsichtlich Mitübertragenem Spannungen entstehen. Man macht seine Kinder auf kleine Besonderheiten an Pflanzen, Tieren, Lebensmitteln etc. aufmerksam und verhält sich dann selbst achtlos gegen sie. Man verlangt Geduld und ist selbst ungeduldig; verlangt Ruhe und ist selbst laut und hektisch; stellt Regeln auf und kümmert sich nicht um ihre Einhaltung. Was Eltern lehrend hervorheben, wird von alledem, was sie dabei mitübertragen, derart überwuchert, daß sie auf die Dauer nicht die besten Lehrer ihrer Kinder sein können. Nicht von ungefähr lassen Klavier- oder Violinvirtuosen ihre Kinder, wenn sie eine ähnliche musikalische Begabung an ihnen entdecken, so früh wie möglich von Kollegen unterrichten. Nicht weil die die besseren Musiker oder Lehrer wären, sondern weil sie die nötige Distanz haben, um die Kinder ganz auf die Erfordernisse des Instrumentalspiels zu lenken – unbelastet von dem, was sonst noch an Erwartungen, Erfüllungen und Enttäuschungen zwischen Eltern und Kindern mitschwingt und den Lernprozeß beeinträchtigt.

Auch Einrichtungen wie Kindergärten schaffen Distanz. Unter der Anleitung von Erwachsenen bekommen Kinder Gelegenheit, mit Gleichaltrigen Gemeinsamkeiten auszubilden. Die Bedeutung von Kindergärtnerinnen und Tagesmüttern wird oft unterschätzt. Sie bewahren Kinder keineswegs nur auf, sondern zeigen ihnen vieles. Zwar noch nicht mit dem Nachdruck, den später Schulpflicht und Lehrpläne ausüben. Dennoch hängt viel davon ab, wie sie den Rahmen für gemeinsames Spielen und Lernen abstecken, ob sie etwa mit Ruhe und Beharrlichkeit gezielt Grundregeln und Anregungen geben oder ob sie ein allgemeines Gewusel zulassen und dann umso ärgerlicher dazwischenfahren, wenn es überhandnimmt. Erzieher in der Vorschulphase sind wichtige Übergangsfiguren. In ihrem Tun hat sich der ursprüngliche Wortsinn des griechischen *paidagogos* erhalten. Das ist derjenige, der die Kinder aus der elterlichen Obhut empfängt und sie zur Schule geleitet. Ein solches Geleit zu empfangen ist eine tragende Erfahrung. Wem sie ganz fehlt, der hat etwas versäumt, was sich nicht leicht nachholen läßt.

Schließlich beginnt die Schulzeit: in der Obhut derer, die sich – vorerst noch – Lehrer nennen. Lehrer tun für eine gewisse Tageszeit hauptamtlich und professionell, was Eltern sporadisch und dilettantisch taten: Sie zeigen. Und allein schon der Anfangsunterricht ist ohne beständiges Hervorheben von Sachverhalten und deren Befestigung durch gemeinsames Wiederholen undenkbar. Schulanfänger sind erst einmal beharrlich und geduldig in eine neue Umgebung einzuüben. Sie müssen mit Pausenhof und Toilette vertraut werden, erst recht mit ihrem Klassenraum, lernen, was an die Garderobe gehört, was in den Ranzen, wie man ihn packt, wie man aufräumt, wie man sich innerhalb und außerhalb des Klassenraums versammelt, wie man sich zu Wort meldet, Unterrichtsmaterialien verteilt, die Tafel wischt, Blumen gießt und, nicht zu vergessen, wie man mit dem Schulproviant umgeht. Essen und Trinken brauchen eine eigene Zuwendung, um nicht zu sagen, eigenen Respekt, sowohl in dem Sinne, daß man sie sorgsam behandelt und nicht achtlos hinunterschlingt (Fastfood), als auch in dem, daß man bekömmliche und gesunde Lebensmittel kennen- und schätzenlernt. Dies und einiges mehr sind die Grundsachverhalte, die sich in den ersten Wochen und Monaten zum gemeinsamen Fundus einer Schulklasse festigen müssen, wenn der Unterricht auf stabilen Strukturen fußen soll.

Anfangsunterricht kann gar nichts anderes sein als Plenar-
unterricht. Ohne ein paar Begrüßungsworte *an alle* (Guten
Morgen; jetzt fangen wir an etc.) käme gar kein Unterricht in
Gang. Er wäre von der Zeit davor, den Pausen dazwischen,
der Zeit danach gar nicht abgehoben. Und ebenso wie sein
Beginn und sein Ende allen Anwesenden durch ein paar
knappe Gesten und Worte angezeigt wird, so werden alle danach in den gemeinsamen Fundus von Verhaltensregeln eingeübt. Auch die Grundregeln des Buchstabierens, Lesens,
Schreibens und Zählens sind tendenziell an alle adressiert.
Was Vokale und Konsonanten sind, wie man sie ausspricht
und wie man die entsprechenden Buchstaben malt: das muß
man den Schülern zeigen. Und solange man noch bei Sinnen
ist, führt man es ihnen gemeinsam vor und nicht jedem ein-
zeln, will sagen, man stellt sich vor die ganze Klasse und
artikuliert und malt ihr die entsprechenden Buchstaben und
Zahlen vor. Selbst Förderlehrer oder Integrationshelfer, die
sogleich bestimmte Kinder aus der Klasse nehmen, um ihnen
eine «zieldifferente» Variante davon nahezubringen, kommen
nicht umhin, sich vor ihnen zu postieren und ihnen den Zusammenhang von bestimmten Lauten und Zeichen vorzude-
monstrieren. Ihnen nur Bildchen oder Knetmasse hinlegen
und sie beraten, wenn sie Fragen haben, reicht nicht.

Solange ein Lese- und Schreiblehrgang und das Erlernen
der Grundrechenarten in der Grundschule noch für unerläßlich erachtet werden, kommen die Lehrenden zumindest für
diese Phase nicht umhin, sich im herkömmlichen Sinne als
Lehrer zu verhalten. Sie eröffnen den Schülern Sachverhalte –
wie einst die Eltern, nur auf anderem Niveau. Damals, als
Sachverhalte lediglich erste Wurmfortsätze mütterlicher Zuwendung waren, war auch das kindliche Verhältnis zu ihnen

denkbar emotional und unsachlich. Ein sachliches Verhältnis zu Sachverhalten muß erst allmählich gelernt werden, und dazu müssen die Sachverhalte aus dem Kraftfeld der mütterlichen (elterlichen) Supervision heraustreten. Die Schule ist der Ort, wo das programmatisch geschieht, der Ort einer «neuen Sachlichkeit». Deren Einübung ist freilich alles andere als ein neutraler, emotionsloser Vorgang.[65] Sie knüpft sich erneut an Personen, die, ob sie wollen oder nicht, in die Fußstapfen der Eltern treten. Auch Lehrer machen natürlich, wie zuvor schon Eltern, viel mehr vor, als sie intendieren. Auch sie übertragen ihre Körpersprache, Launen und Marotten unwillkürlich mit, aber gefiltert durch die Vorgaben des Unterrichts. In seinem Rahmen ufern sie weit weniger aus als in der unreglementierten Familiensphäre.

Dennoch sind Grundschullehrer Elternsubstitute und als solche unvermeidlich Identifikationsfiguren. Und nur sofern sie diese Rolle annehmen und den Schülern Halt und Orientierung geben, sind sie auch in der Lage, nachhaltiges Sachinteresse bei ihnen zu wecken. Interesse an Sprache, Zahlen, Bildern, Klängen etc. ist nicht einfach von Natur aus unbegrenzt da, das Kind keineswegs der unersättliche Entdecker, der alles Unbekannte um ihn herum spannend findet, wenn man seinem Entdeckerdrang nur freien Lauf läßt. Die Sachinteressen, die die Kinder mit in die Schule bringen, sind bereits vielfältig gefiltert: zunächst durch eine bestimmte genetische Ausstattung und deren epigenetische Weiterentwicklung, sodann durch die Art und Weise, wie in der Entwöhnungszeit erste gemeinsame Sachverhalte mit Müttern und deren Repräsen-

---

65 Wie ja auch in Kunst und Architektur die «neue Sachlichkeit» nicht einfach bloß sachlich daherkam, sondern emotional hochbesetzt – von ihren Befürwortern nicht minder als von ihren Gegnern.

tanten befestigt wurden. Allerdings ist den Interessen, die die Kinder selbst artikulieren, oft nicht anzusehen, welche anderen in ihnen schlummern. Wecken kann man nur Sachinteressen, zu denen eine Neigung besteht. Aber diese Neigung ist nichts rein Sachliches und zunächst stark anlehnungsbedürftig an Personen. Ob bestimmte Sachverhalte dem Lehrer zuliebe oder um der Sache willen gelernt werden, läßt sich anfangs kaum auseinanderhalten. Das zeigt sich erst später, etwa wenn das Interesse an ihnen schnell erlischt, sobald kein Lehrer es mehr beflügelt, oder wenn es eine von Lehrern unabhängige Haltbarkeit gewinnt – die gleichwohl von Lehrern inspiriert sein kann.

Absurd die Vorstellung, Sachverhalte kämen als autonome Gebilde auf Sechsjährige zu. Begeisterung für Sachverhalte ist im Grundschulalter noch weitgehend übertragene Liebe zu Personen. Menschliches Lehren und Lernen zeigt sich als ein mehrschichtiger Übertragungsvorgang. Zunächst wird die erotische Besetzung der Mutterbrust auf Sachverhalte übertragen. Dann überträgt sich die kindliche Empfänglichkeit fürs Zeigen von der Mutter auf andere Nahestehende. Schließlich geht sie auch auf Leute über, die von Berufs wegen hervorheben und zeigen. Die wiederum verweisen umso überzeugender auf Sachverhalte, je stärker und glaubwürdiger sie als Personen sind. Anfangs überschatten sie dabei die Sachverhalte. Im Laufe der Zeit treten sie dahinter zurück. Je mehr sie an der Versachlichung der Sachverhalte arbeiten, desto mehr lassen sie deren Eigenlogik hervortreten. Die Glaubwürdigkeit der Lehrer wird davon abhängig, in welchem Maße sie dieser Eigenlogik genügen.

Diese Übertragungsprozesse sind immer auch Entwöhnungsprozesse. Für die ersten Sachverhalte, die die Neunmonatsrevolution zeitigt, gilt das im wörtlichen Sinn. Sie sind Mutterbrustsubstitute. Danach setzt sich die Entwöhnung gewissermaßen metaphorisch fort. Die kindliche Welterschließung wird der elterlichen Supervision «entwöhnt». Damit steht sie aber noch längst nicht auf eigenen Füßen. Noch jahrelang bedarf sie der Anlehnung – sowohl an die Eltern selbst als auch an ihre Substitute, die Lehrer. Die heben die Entwöhnung nun auf das Niveau der «neuen Sachlichkeit». Mit jedem neuen Sachverhalt, den sie Schülern eröffnen, helfen sie ihnen ein Stück weit aus kindlicher Ohnmacht und Unzulänglichkeit heraus und tiefer in die menschenspezifische Gemeinschaft der «Großen» hinein. Und «groß werden» ist der sehnlichste Wunsch von Kindern, nicht klein und niedlich bleiben. Kein Wunder, wenn Schüler die Personen, die ihnen von Berufs wegen beim Großwerden voranhelfen, alsbald lieben – und sie hassen, wenn sie diese Erwartung enttäuschen.

Die ganze frühkindliche Gemengelage von Erwartung, Erfüllung und Enttäuschung reproduziert sich damit zu Schulkonditionen. Auch die Lehrer geraten in sie hinein. An der hilfsbedürftigen Zuwendung, die sie von den Kindern bekommen, entzündet sich auch von ihrer Seite aus Zuneigung samt Erwartungen, die erfüllt oder enttäuscht werden. Lehrer wollen beliebt sein. Der Moment, in dem sie den Schülern etwas Neues zeigen, ist immer ein erregender und nie ganz ohne Liebeshoffnung. Werde ich eins mit dem gezeigten Sachverhalt, werde ich aufgenommen in seine Gemeinschaft, oder bleibe ich draußen? Das ist die bange Frage der Schüler, egal, ob sie sie artikulieren können oder nur dumpf fühlen. Bringe ich mich mit dem Gezeigten um meine Beliebtheit? Das ist die Frage des Lehrers. Er ist es zwar, der die Gemeinschaft der Sachverhalte initiiert. Aber jede neue dieser Gemeinschaften macht die Schüler auch unabhängiger von ihm. Gerade sein Lehrerfolg entwöhnt sie ihm.

So macht der Lehrer auf seine Weise noch einmal durch, was man die Elterndialektik nennen könnte. Eltern müssen ihren Kindern ja sowohl größtmögliche Nähe und Geborgenheit geben als auch bereit und fähig sein, rechtzeitig und wohldosiert loszulassen, damit sie eigenständig werden. Das ist immer eine Gratwanderung und geht nie ohne Enttäuschungen, Verletzungen und, auch bei wohlmeinendsten Eltern, nicht ohne Fehler ab. Ähnlich beim Lehrer. Er muß die Rolle der Identifikationsfigur annehmen, zulassen, daß die Kinder sich im wörtlichen wie übertragenen Sinn an ihn anlehnen – und zugleich auf ihre Selbständigkeit hinarbeiten. Er ist dann ein guter Lehrer, wenn er sie mit dem vollen Einsatz seiner Person dahin bringt, daß sie ihn nicht mehr brauchen. Das ist ein ständiger Balanceakt, gelingt nie fehlerlos – und ist ein gemischtes Vergnügen. So befriedigend es auch sein mag, sich sagen zu dürfen: Weil ich mich den mir Anvertrauten so intensiv gewidmet habe, können sie nun auch ohne mich bestehen – überflüssig werden ist immer auch eine narzißtische Kränkung. Und dennoch das einzig sinnvolle Ziel der Lehrertätigkeit. Erziehung und Bildung sind nicht nur Prozesse der Ansammlung von Wissen und Können, es sind Emanzipationsprozesse. Emanzipation fängt klein und zart an: als Säuglingsentwöhnung. Sie wird schon gröber, wenn Pubertierende sich von Eltern und Lehrern nichts mehr sagen lassen wollen, und sie übersetzt sich ins Große, wenn Erwachsene, sei es als Individuen, Gruppen, soziale Klassen oder Ethnien, sich aller Vorgesetzten entwöhnen, die keine Sachautorität verkörpern. Dann nimmt die Entwöhnung die Form der Entlassung, Absetzung oder des Umsturzes an.

Gegenübertragung

Als Sigmund Freud seine berühmte psychoanalytische Redekur zu praktizieren begann, in der er die Erinnerungen seiner Patienten an die frühkindlichen Wurzeln ihrer neurotischen Erkrankung zurückführte und die seelischen Verletzungen wieder aufrührte, die ihnen durch nächste Angehörige – zumeist Mutter oder Vater – zugefügt worden waren, da bemerkte er, daß ihm die Patienten ihre Leiden nicht nur vortrugen. Sie durchlebten sie unter seiner Anleitung vielmehr neu – und übertrugen sie dabei regelrecht auf ihn. Er wurde unbewußt in die Rolle von Vater oder Mutter gedrängt; ihm galt die wiedererregte enttäuschte Liebe; an ihm entschied sich, ob es den Patienten gelang, sie so auszuagieren und ihrem seelischen Haushalt einzufügen, daß sie von ihr nicht länger gepeinigt wurden. Die Übertragung des Konflikts auf ihn schlauchte den Therapeuten, aber sie schmeichelte ihm auch. Und da kein Therapeut aus Holz ist, jeder ein eigenes seelisches Päckchen, eigene bewußte und unbewußte Erwartungen und Wünsche, eigene kontrollierte und unkontrollierte Verhaltensweisen mit in die Behandlungssituation bringt, bleibt keine Übertragung ganz ohne «Gegenübertragung».[66] Ohne dies emotionale Wechselverhältnis käme die Therapie schwerlich an den Herd des Leidens heran. Sich bloß erinnern, was früher einmal war, genügt nicht. Es unter professioneller Anleitung noch einmal so durchmachen, daß man davon loskommt: das ist, wenn man so sagen darf, das psychoanalytische Lernkonzept. Man mag es für erfolglos halten, für zu langwierig oder unnötig umständlich. Dennoch spitzt es lediglich eine allgemeine pädagogische Einsicht zu: Wechselseitige Übertragung ist der Mutterboden allen Lernens.

Lernen wurzelt im Wünschen. Gewünscht wird Wissen und Können, aber nicht um seiner selbst willen, sondern weil es aus Ohnmacht und Mangel heraushilft. Andernfalls wäre nicht erklärlich, wie das nüchterne Lösen einer Gleichung beglückend sein kann. Das Lösen einer Aufgabe löst auch eine Spannung, erfüllt eine Erwartung, führt zum Verfügen über einen Sachverhalt. Es ist nie bloß kognitiv. Umgekehrt sind

66 Freud 1975 [1914], 224.

ungelöste zwischenmenschliche Spannungen, zumal frühkindliche, nie ganz ohne kognitive Auswirkungen. Meistens
sind das Beeinträchtigungen. Seelische Verletzungen, über die
man nicht hinwegkommt, führen gar zu partiellem Bewußt-
seinsausfall. Man will sie nicht wahrhaben, weist sie von sich
und versucht so, sich mit ihnen zu arrangieren. Verdrängung
hat Freud das genannt. Verdrängung ist elementare Lernver-
weigerung, eine Art selbst gewollter Dummheit, und zwar aus
Mangel an Bewältigungskraft, nicht an Intelligenz. «Dummheit ist ein Wundmal», bemerkte Max Horkheimer. «Jede par-
tielle Dummheit eines Menschen bezeichnet eine Stelle, wo
das Spiel der Muskeln beim Erwachen gehemmt anstatt gefördert wurde.» Es «bleibt an der Stelle, an der die Lust getroffen
wurde, eine unmerkliche Narbe, zurück, eine kleine Verhär-
tung, an der die Oberfläche stumpf ist». Solche tauben Stellen,
von denen auch der Klügste einige hat, sind «Stationen, auf
denen die Hoffnung zum Stillstand kam».[67] Umgekehrt heißt
das: Lernen ist untrennbar von Hoffnung. Lernerfolge sind
stets auch erfüllte Hoffnungen, obwohl zumeist unzulänglich
erfüllte, wird man doch durch das Gelernte gewöhnlich nicht
so wissend und souverän, wie man es sich wünschte. Selbst am
Lernerfolg haftet noch ein Hoffnungsüberschuß. Emotions-
freies Lernen gibt es nicht.

Pädagogen, die nicht nur kognitives, sondern auch emotio-
nales und soziales Lernen fordern, verstehen sich gewöhnlich
als Anwälte des ganzen Kindes. Dennoch setzen sie die behavioristische Zerteilung des Lernvermögens bereits voraus und
versuchen dann das Auseinandergeschnittene notdürftig wieder zusammenzusetzen, indem sie den Schülern Mitgefühl
und Gemeinsinn genauso isoliert beibringen wie das kleine
Einmaleins. Menschen aus Fleisch und Blut jedoch können

---

67 Horkheimer/Adorno 1969 [1947], 274 f.

ohne emotionale Besetzung und soziale Adressierung überhaupt nichts erkennen. Kognition, Emotion und Sozialität sind Seiten ihres konkreten Verhaltens, nicht separate Vermögen. Auch jene «Zentren» für Emotion und Kognition, die die Hirnforschung im limbischen System und im Neocortex ausgemacht hat, sind vielfältig miteinander verschlungene Areale, nicht Abteilungen eines arbeitsteiligen Betriebs. Der Ausfall eines Areals legt zwar bestimmte Fähigkeiten lahm, woraus aber umgekehrt nicht folgt, daß dieses Areal allein für besagte Fähigkeiten zuständig wäre. Wo das behauptet wird, wird das Gehirn selbst schon behavioristisch gedacht. So arbeitet es aber nicht. Das verrät die Übertragungssituation. Wenn es stimmt, daß Sachverhalte sich nicht kognitiv befestigen lassen, ohne dabei von einem emotionalen Bodensatz zu zehren, der sich in ihnen zugleich sublimiert, dann können auch die Neocortexareale, die bei bestimmten Kognitionsleistungen nachweislich aktiv sind, nicht völlig separat vom limbischen System tätig sein. Wenn in letzterem während der Kognition keine Aktivität meßbar ist, heißt das noch längst nicht, daß es an ihr schlechterdings unbeteiligt ist. Es gibt, wie im Wirtschaftsleben, so auch im Gehirn, vielfältige Verhältnisse einer stillen Teilhaberschaft, die sich nicht einfach unter aktiv oder passiv verrechnen läßt. Neuronen tun mehr als «feuern» oder «nicht feuern».[68]

Das Gehirn ist ein Übertragungszusammenhang – wie auch die Lernsituation. Die psychoanalytische Übertragung ist nur einer ihrer pointierten Ernstfälle, der auf Hochkulturniveau die Urszene menschlichen Lernens wiederbelebt: die Überwindung von Leiden durch Erkenntnis. Nur eine Erkenntnis, die den ganzen Menschen mitnimmt, ist dazu in der Lage. Sie erinnert daran, was Erkenntnis ursprünglich ist: über sich

.

68 So kürzlich wieder wünschenswert deutlich Roth 2015, N 2.

selbst hinausgewachsene Körperlichkeit. Wenn es einem Patienten gelingt, ein psychosomatisches Leiden, das ihn ebenso quält, wie es sich ihm verschließt, gleichsam auszulagern und es gemeinsam mit einem professionellen Helfer durchzuarbeiten und zu durchleben, so gewinnt er Distanz dazu. Er versachlicht es – im günstigen Fall so weit, daß er allmählich aus dem Leiden selbst die Worte und Gesten hervorzuziehen lernt, die es zu lindern oder gar aufzulösen vermögen. Übertragung ist stets ein Versachlichungsversuch. Zu einer seiner Standardsituationen ist der Schulanfang geworden. Kinder werden Lehrern übertragen, damit diese die Erschließung von Sachverhalten, die die Eltern längst begonnen haben, auf ein neues Sachlichkeitsniveau heben. Andrerseits gibt es keine Übertragung ohne «Übertragungsliebe», wie Freud das genannt hat. Sie ist es, die die Versachlichung überhaupt erst in Gang bringt – und zugleich als ständige Gefährdung über ihr schwebt.

Übertragungsliebe

Auch hiervon hat Freud sogleich den Ernstfall aufgegriffen: die Patientin, die sich über beide Ohren in ihren Therapeuten verliebt, und den Therapeuten, der in der teilnahmsvollen Arbeit an ihrem Leiden nicht unempfänglich für ihre weiblichen Reize bleibt. Was soll er tun? Der Patientin ihre Liebe ausreden, weil sie ja bloß auf ihn übertragen sei und ihm eigentlich gar nicht gelte? Nein, sagt Freud. «Man hat kein Anrecht, der in der analytischen Behandlung zutage tretenden Verliebtheit den Charakter einer ‹echten› Liebe abzustreiten.»[69] Zwar «ist wahr, daß diese Verliebtheit aus Neuauflagen alter Züge be-

---

69 Freud 1975 [1914], 228. Weitere Seitenzahlen im Text.

steht und infantile Reaktionen wiederholt. Aber dies ist der wesentliche Charakter jeder Verliebtheit.» (227) Soll der Therapeut sich also taktisch zur Patientin verhalten, ihr die Erwiderung ihrer Liebe vorgaukeln, deren körperlichen Vollzug aber erst für die Zeit nach der Therapie gewissermaßen als Lohn in Aussicht stellen, um so über die Klippe der wechselseitigen Versuchung hinwegzukommen? Auch das ist für Freud unannehmbar. «Da man vom Patienten strengste Wahrhaftigkeit fordert, setzt man seine ganze Autorität aufs Spiel, wenn man sich selbst von ihm bei einer Abweichung von der Wahrheit ertappen läßt.» (224) Soll sich der Therapeut «menschlich» zur Patientin verhalten, ihr seine eigenen Wünsche und Schwächen offenbaren oder sich gar sexuell mit ihr einlassen, um ihr so das Ausagieren ihrer unbewältigten frühkindlichen Wünsche zu ermöglichen und sich einen berufsbegleitenden Lustgewinn zu bescheren? Das geht erst recht nicht. «Das Liebesverhältnis macht eben der Beeinflußbarkeit durch die analytische Behandlung ein Ende; eine Vereinigung von beiden ist ein Unding.» (225) «Die Kur muß in der Abstinenz durchgeführt werden» (224) und zweierlei strikt einhalten: «Man hütet sich, von der Liebesübertragung abzulenken, sie zu verscheuchen oder der Patientin zu verleiden; man enthält sich ebenso standhaft jeder Erwiderung derselben.» (225 f.)

Freud war in diesem Punkt unerbittlich und einigen seiner Mitstreiter viel zu prüde. Wie wahrhaftig ist denn eine Therapie, die darüber hinwegtäuscht, daß Therapeuten auch bloß Menschen sind? Ist ein tätiges menschliches Eingehen auf Patienten deren Gesundung nicht viel zuträglicher als eine bloß methodische Anteilnahme? Diese Fragen regten sich schon in Freuds Schülerkreis und werden bis heute kontrovers diskutiert. Carl Gustav Jung ließ sich mit seiner Analysandin Sabina Spielrein ein, Otto Rank mit Anaïs Nin. Sandor Ferenczi nahm zunächst seine Geliebte Gizella Palos in Behandlung, dann ihre Tochter Elma, die er ebenfalls zu seiner Geliebten machte. Frieda Reichmann verliebte sich in ihren Analysanden Erich Fromm. Auch bei August Aichhorn und Margret Mahler, Belá Grunberger und Janine Chasseguet-Smirgel mischten sich analytisches Verhältnis und Liebesverhältnis. Jeder dieser Fälle lag anders, nicht in jedem wurden Beteiligte beschädigt, nicht jeder ist einfach als Fehltritt zu verbuchen. Zudem liegt ein Sonderfall vor, wenn das Liebesverhältnis aus einer Lehranalyse hervorgeht. Da suchen nicht Patienten Heilung, sondern angehende Analytiker Selbsterfahrung und Behandlungskompetenz. Soll man ihnen Lebensentscheidungen verbieten, die sich aus gemeinsamer beruflicher Arbeit ergeben? Wann immer an einem psychoanalytischen Institut wieder einmal bekannt wird, daß eine Lehranalyse in ein Liebesverhältnis überging, kocht die Debatte um Freuds Abstinenzregel erneut hoch.

Indessen hat Freuds Strenge auf einem andern Gebiet als dem therapeutischen eine verblüffende postume Aktualität erlangt. 1910 wurde die Odenwaldschule gegründet, eines jener paradigmatischen Landerziehungsheime, in denen Schüler und Lehrer nicht nur ein schulisches, sondern ein umfassend menschliches Verhältnis zueinander gewinnen sollten. Inzwischen hat sich herausgestellt, daß in der Odenwaldschule zum «menschlichen Verhältnis» jahrzehntelang auch sexuelle Handlungen zwischen Lehrern und Schülern gehörten, die nicht anders denn als sexueller Mißbrauch von Minderjährigen und Abhängigen zu bezeichnen sind. Der Leiter der Schule, der als begnadeter, mitreißender Pädagoge galt, war an diesen Handlungen maßgeblich beteiligt. Im Licht dieser Ereignisse lesen sich Freuds *Bemerkungen über die Übertragungsliebe* von 1914 nicht nur als Menetekel über seiner eigenen Therapie, sondern auch über der Reformpädagogik. 1900 erschien Freuds Traumdeutung, 1898 eröffnete Hermann Lietz das erste deutsche Landerziehungsheim bei Ilsenburg am Harz. Psychoanalyse und Reformpädagogik sind zeitgleich entstanden. Beide erstrebten eine qualitativ neue persönliche Nähe im Lehr- und Lernprozeß. Nur daß Freud schon wenige Jahre später die Gefahr dieser Nähe mit einer geradezu prophetischen, von der Reformpädagogik unerreichten Tiefenschärfe zu umreißen wußte. Die Gegenübertragung, die er schonungslos als die größte Schwachstelle seiner Therapie benannte, ist auch einer der neuralgischen Punkte allen Lehrens.

Ohne Gegenübertragung hätte der Therapeut die Situation viel besser im Griff. Er wäre unempfänglich für alle Versuchungen und könnte mit einem Minimum an Reibungsverlusten arbeiten. Doch ohne Gegenübertragung keine Therapie. Sie käme gar nicht in Gang, säße da nicht jemand im Behandlungszimmer, der am Patienten spürbar Anteil nimmt und eine ständige Ermunterung auf ihn ausstrahlt, sich allen Schichten seines Inneren, auch den unangenehmen und peinlichen, zu öffnen. Die Übertragung des Patienten wird zwar durch die Gegenübertragung nicht ausgelöst, aber angeheizt. Sie ist ein unerläßliches Tonikum der Therapie – und zugleich ihr blinder Fleck, sozusagen die Grauzone der Versuchung. Die Versuchung zu sexuellen Handlungen ist nur der Extremfall. Unterhalb davon gibt es reichlich kleine Versuchungen: unkontrolliert eigene Neigungen und Erwartungen auf den Patienten zu projizieren, ihm Assoziationen und Träume zu suggerieren, die man selbst gern hören möchte, ihm die Bearbeitung von neuralgischen Punkten zu ersparen, mit denen man selbst ein Problem hat, und generell: sich wichtiger für ihn zu machen als nötig.

In dieser Grauzone bewegen sich auf ihre Weise auch die Lehrer – besonders offenkundig dann, wenn der Schulzusammenhang auf eine so intensive Nähe von Schüler und Lehrer ausgerichtet ist, wie die Reformpädagogik sie forderte. Aber nur dadurch, daß man auf reformpädagogische Modellschulen verzichtet und mehr Distanz zwischen Schülern und Lehrern schafft, wird man die Versuchung nicht los. Sie ist stets im Spiel, wo wirklich gelehrt und gelernt wird, wo die einen etwas zeigen und den andern etwas aufgeht. Jede Therapie und jeder Unterricht, die diesen Namen verdienen, sind auch Versuchungsszenarien. Das hat Freud unverblümt herausgestellt, als er sagte: Der Patientin die Verliebtheit ausreden gilt nicht. Der Therapeut muß sich ihr vielmehr voll aussetzen, insofern also voll empfänglich für sie sein – und sich dennoch die «Niederhaltung der Gegenübertragung» (224) auferlegen.[70] Ähnliches müssen Lehrer leisten: sich der Anlehnungsbedürftigkeit ihrer Schüler voll aussetzen – und gleichzeitig eine Distanz wahren, die klar signalisiert: Wir sind weder eure Eltern noch eure Geliebten. Wir müssen die Zuneigung, die wir auf uns ziehen, umlenken auf die Sachverhalte, zu deren Eröffnung wir da sind, genauso wie Therapeuten die ihnen entgegengebrachte Verliebtheit auf die gemeinsame Sache der therapeutischen Arbeit umlenken müssen. Die Übertragung ist weiter zu übertragen.

Jetztzeit

Das geschieht in der Schule natürlich anders als im Behandlungszimmer. Lehrer sind keine Therapeuten. Auch das müssen sie klar signalisieren. Und eine gewisse naturwüchsige Di-

70 «Niederhalten» kann man sie zwar im Extremfall der Versuchung zur sexuellen Handlung, aber nicht generell in jeder therapeutischen Situation. Deshalb gibt es ja Lehranalysen und Supervisionen. Freud hat deren Einsatz für gut gehalten – nur bei sich nicht. Er, der die Psychoanalyse durch Selbstanalyse entwickelt hatte, dünkte sich auch ohne jede fremde Hilfe der Gegenübertragung gewachsen. Ihre Reichweite mag er unterschätzt haben. Aber ihre generelle Gefahr hat er klar benannt.

stanz zu ihren Schülern ergibt sich allein schon dadurch, daß sie es mit Gruppen zu tun haben. Im Idealfall müßte jeder Zögling seinen eigenen Erzieher haben, der ganztägig mit nichts anderem als dessen umfassender Bildung zum Menschen beschäftigt ist, glaubte Rousseau.[71] Ein zutiefst bürgerlicher Irrtum, der verkannte, wie sehr die individuelle Aneignung von Sachverhalten impliziert, daß sie zugleich gemeinsame Sachverhalte sind. Dafür bekommt man nur in einer Gruppe Gespür. Sie darf nicht zu groß, aber auch nicht zu klein sein. Weniger als fünf und mehr als fünfzehn Lernende tun dem Lernprozeß selten gut. Hat die Gruppe aber eine vertretbare Größe, dann verwandelt die Tatsache, daß nicht jeder den Lehrer für sich allein hat, sondern er allen gemeinsam ist, dasjenige, was er mitteilt oder vorführt, unversehens in ein knappes Gut. Was knapp ist, steigt im Wert. Es bekommt Nachdruck. Achtung, aufgepaßt, der Sachverhalt wird *jetzt allen* mitgeteilt oder vorgeführt.

Sachverhalte gewinnen an Intensität, wenn ihre Hervorhebung eine *gemeinsame Jetztzeit* hat. Zwar darf das Jetzt nicht nur ein kurzer Augenblick sein. Es braucht genügend Entfaltungsraum, damit der Sachverhalt bei Bedarf ein zweites und notfalls ein drittes Mal mitgeteilt, variiert, umspielt werden kann. Aber das Jetzt kann nicht endlos dehnbar sein, bis auch der Letzte den Sachverhalt vollständig assimiliert hat. Jetztzeiten sind Zeiten, in denen etwas für alle hervorgehoben wird – und daher hervorgehobene Zeiten: Highlights. Sie sind kein Dauerzustand. Gerade deshalb haben sie ein Moment von Feierlichkeit, das den Schülern signalisiert: Nehmt euch zusammen; jetzt wird euch etwas eröffnet. Aber auch dem Lehrer wird bedeutet: Nimm dich zusammen; jetzt mußt du zeigen, daß du zeigen kannst. Ein Lehrer, auf den

71 Rousseau 1978 [1762], 26.

sich zehn oder zwanzig Augenpaare richten, spricht intensiver und zeigt konzentrierter, als wenn er nur vor einem Augenpaar agiert, genauso wie sich ein Schauspieler vor vollem Saal ungleich stärker ins Zeug legt als vor einem gähnend leeren.

Die Jetztzeiten des Unterrichts sind Hochzeiten der Übertragung und Gegenübertragung. Vornehmlich in ihnen fliegen den Lehrern jene überhöhenden Sympathien zu, durch die sie narzißtisch gekitzelt und in Versuchung gebracht werden, den Schülern näher zu treten, als gut ist. Aber wo keine Versuchung, da auch keine Inspiration. Je mehr sich Lehrer für die Sachverhalte engagieren, die sie vorführen, desto mehr begeistern sie auch Schüler dafür. Daß diese Begeisterung erst einmal ihnen selbst gilt, ist kaum zu vermeiden. Allerdings können sie sie besser umleiten als Therapeuten. Die Jetztzeit des Unterrichts ist keine Intimsituation wie die therapeutische, sondern eine klassenöffentliche. Da hat niemand den Lehrer für sich allein. Gleichwohl haben alle an ihm teil. Zwar aus einer gewissen Distanz. Aber gerade die hat einen Synergieeffekt. Sie potenziert Einzelerwartungen zu einer Gruppenerwartung. Zunächst ist es der Lehrer, der durch seine Geste «Achtung, aufgepaßt, jetzt wird allen etwas mitgeteilt» diese Erwartung eigens weckt. Und wenn er sie nicht sogleich wieder enttäuscht, wird sie für das, was er den Schülern zu eröffnen hat, zu einem Resonanzboden, wie er ihn in Einzelgesprächen mit Schülern kaum jemals findet. Die Eröffnung des Sachverhalts wird für einen kurzen Moment von einer Gemeinschaftserwartung getragen. Diesen Moment muß der Lehrer zu nutzen wissen. Dann verstärken sein Zeigen und der Erwartungsvorschuß sich wechselseitig. Dann zeigen die Schüler, daß sie mitgehen. Allein schon ihr Gesichtsausdruck kann Wunder wirken. «Es liegt ein sonderbarer Quell der Begeisterung für denjenigen, der spricht, in einem menschlichen Antlitz, das ihm gegenübersteht; und ein Blick, der uns

einen halbausgedrückten Gedanken schon als begriffen ankündigt, schenkt uns oft den Ausdruck für die ganze andere
Hälfte desselben.»[72] Wo das geschieht, da ist Jetztzeit, da erlebt eine Gruppe den gemeinsamen Moment einer profanen
Epiphanie.[73]

72 Kleist 1982 [1805], 320.
73 Walter Benjamin hat den Begriff der «Jetztzeit» ganz hoch gehängt (Benjamin 1974 [1942], 701). Jetztzeiten waren für ihn Revolutionszeiten – jene welthistorischen Prüfungszeiten, wo die
Unterdrückten zeigen müssen, ob sie die Kraft und Reife zur
Emanzipation haben. Aber Benjamin hatte auch Sinn fürs ganz
Kleine. Es wäre gar nicht gegen seine Denkweise, wenn man die
Jetztzeit des Unterrichts als eine ebenso unscheinbare wie unerläßliche «Vorschule» jener «profanen Erleuchtung» (Benjamin
1977 [1929], 297) bezeichnen würde, auf die jede Revolution aspiriert, ohne die keine Revolution gelingen kann und die in allen
bisherigen zu wünschen übrigließ. Und wie in großen Revolutionen furchtbar viel schiefgehen kann, so auch in jeder Unterrichtsstunde. – Die materialreichen Unterrichtsanalysen, denen
Andreas Gruschka sich jahrelang gewidmet hat (Gruschka 2009),
stehen durchaus in diesem Spannungsfeld von ganz Kleinem und
ganz Großem. Sie lassen sich als mikrologische Studien zur Jetztzeit lesen – oft genug zu einer mißglückten Jetztzeit, in der die
Lehrer die Epiphanie, auf die ihr Unterricht doch angelegt war,
gerade verhindern, weil sie eher einer Methodik zur Kompetenzgenerierung folgen als der Logik des in Frage stehenden Sachverhalts. Allerdings werden auch hoffnungsvolle Gegenbeispiele
aufgeboten, etwa «Acht Modelle des Lehrens» von Sokrates bis
Royston Maldoom, von denen keines mit dem andern übereinkommt, keines das andere ausschließt und keines so aussieht, als
würde es je veralten (Gruschka 2014, 90 ff.).

Und dann – ist die Vorführung zu Ende, und es stellt sich heraus: Das Gezeigte ist keineswegs sogleich allen in Fleisch und Blut übergegangen. Wie sollte es auch? Es ist durch Hervorhebung ja bloß eröffnet worden. Seine Offenbarung war lediglich eine Ouvertüre. Eine Skizze, könnte man auch sagen. Die müssen die Lernenden nun ausgestalten, wenn der eröffnete, skizzierte Sachverhalt wirklich zu ihrem werden soll. Und hier kommt nun all das zum Zuge, was sich zur Befestigung von Sachverhalten bewährt hat: die Wiederholung, Variierung, Anwendung, Vertiefung – mündlich, schriftlich, handwerklich, im Plenum, in der Kleingruppe, in Einzelarbeit, in der Schule, zu Hause – je nachdem, wie die Schüler individuell gestrickt sind und was für einem soziokulturellen Umfeld sie entstammen. Ausgestaltung ist alles andere als unproduktiv, auch wenn ihre Elementarleistungen erst einmal reproduktiv sind. Man übt die Rolle rückwärts so lange, bis sie mühelos abläuft; man schreibt den neuen Buchstaben, das neue Wort nochmals und nochmals, bis sie geläufig sind; man wiederholt den Satz neuer Vokabeln, bis man ihn auswendig kann. Aber im Reproduktiven steckt schon das Produktive. Man entwickelt beim Abschreiben seine eigene Handschrift; man fügt die Vokabeln beim Lernen dem eigenen Assoziationsfeld ein; man bevorzugt eine von mehreren Möglichkeiten, zu addieren oder zu multiplizieren. Und wie in einem Malbuch, das skizzenhafte Striche vorgibt, oft erst das eigene Ausmalen dazu führt, daß der Gegenstand erfaßt und angeeignet wird, so verhält es sich generell beim Ausgestalten des im Unterricht Vorgeführten. Seine Hereinnahme in die eigene Motorik, seine Umschreibung mit eigenen Worten ist der Prozeß, welcher es zum integralen Bestandteil der eigenen Person werden läßt. Erst dadurch wird es nachhaltig verstanden. Kompetenzen lassen sich aufpfropfen. Deshalb kann man für vieles kompetent sein, was man nur halb oder gar nicht verstanden hat. Man führt es einfach nur wunschgemäß aus. Verstandenes hingegen ist angewachsen – dem eigenen mentalen Stoffwechsel assimiliert.

Alle Eigengestaltung fängt klein an. Sie haftet zunächst in doppeltem Sinne an Vorbildern: an Lehrern, an denen sie sich orientieren kann, und an deren inhaltlichen Vorgaben: jenen Sachverhaltsskizzen, die in der gemeinsamen Jetztzeit des Unterrichts eröffnet werden. Skizzen sind nie die Sache selbst. Sie deuten an, geben Beispiele und Muster – und fordern dazu auf, mehr aus ihnen zu machen, als sie sind. Ihre vernünftige Aneignung ist auch ihre Ausgestaltung. Die autoritäre Paukschule beginnt genau dort, wo Lehrer die Skizzen, die sie darbieten, mit der Sache selbst verwechseln und nichts wollen als ihre platte Wiedergabe. Als könnte man sich die Phasen der Variierung und Sedimentierung schenken und damit Zeit für mehr Lernstoff gewinnen. Wo das geglaubt wird – wie bei der Verkürzung des Gymnasiums von neun auf acht Jahre –, da werden Einprägung und Wiederholung stumpf und gedankenlos. Sie sind es nicht an sich. Kinder, denen es erstmals gelingt, ein paar zusammenhängende Verse oder gar ein ganzes Gedicht auswendig aufzusagen, haben ein beträchtliches Erfolgserlebnis. Sie spüren darin das Erwachen von Gedächtniskräften, die zu mehr taugen, als Verse zu memorieren. Erst wenn Kinder das Auswendiglernen als gedankenlosen Selbstzweck erleben, wird es ihnen zuwider. Redet man ihnen zudem von klein auf ein, daß Auswendiglernen per se stupid sei, und hält sie erst gar nicht dazu an, so betrügt man sie vorab um ein wesentliches Medium ihrer mentalen Entfaltung.

Die Vorgabe von Sachverhaltsskizzen und deren Ausgestaltung: ohne dies Wechselspiel kann kein vernünftiger Unterricht laufen. Mit andern Worten: Er braucht ebenso die gemeinsame Jetztzeit der Sachverhaltseröffnung wie deren variationsreiche Nachbearbeitung. In der Musik spricht man von Thema und Variationen. Deren Abfolge ist nicht nur eine akustische Unterhaltungsform. Sie enthält vielmehr die elementare Rhythmik des Lernens. Das Thema fungiert dabei als Ouvertüre. Wer es hört, mag ahnen, daß es mehr enthält als die aktuell erklingenden Töne. Aber er weiß noch längst nicht, was alles im Thema steckt. Das zeigt sich erst durch die aus ihm herausgewickelten Variationen. Sie sind nicht bloß seine Anhängsel. Sie offenbaren es. Jede von ihnen rückt es in ein anderes Licht, arbeitet einen anderen Aspekt daran heraus. Sie machen mehr aus ihm, als es anfangs war. Dennoch schöpfen sie das Thema nie vollständig aus. Johann Sebastian Bach ließ es gut sein nach dreißig Variationen über das Goldberg-Thema. Er hat es damit auf atemberaubende Weise offenbart, aber nicht behauptet, eine einunddreißigste oder zweiunddreißigste Variation sei nicht mehr möglich. Sie war für ihn nur nicht mehr interessant. Thema und Variationen bilden einen Verweisungszusammenhang. Das Thema ist ein Sachverhalt, aber nicht die Sache selbst. Es verweist bloß darauf. Ähnliches gilt für jede Variation. Sie verweist aufs Thema; sie offenbart etwas daran, was in ihm selbst nicht erklang. Aber indem sie das tut, verweist sie auch mit dem Thema zusammen auf ein Gemeinsames, das dem Thema und seiner Variierung zugrunde liegt und darin gleichwohl nicht aufgeht.

Es ist nicht übertrieben zu sagen, daß dort, wo einem ein Sachverhalt aufgeht, eine Offenbarung oder eine Epiphanie geschieht. Lehrer können sie nie erzwingen. Sie können Sachverhalte immer nur zeigen, aber sie niemandem, auch nicht mit noch so viel Förderung, direkt ins Gehirn drücken. Offenbarung (oder Epiphanie) geschieht, oder sie bleibt aus. Aber stets ist sie bloß Ouvertüre. Sie verheißt etwas, gibt einen Duft und Vorgeschmack von etwas, was sie nicht selbst darbietet. Deshalb ist das Glück der Erkenntnis und des Lernens immer unvollständig und unzulänglich. Aber es macht auch nie träge.

Eigengestaltung beginnt nie bei Null, immer an Vorgaben. Und immer hat sie mit der Überwindung von Widerständen zu tun. Das gilt vom ABC-Schützen bis zum größten Künstler. Es wäre aberwitzig, Bach einen Mangel an Kreativität vorzuwerfen, weil er sich Vorgaben wie dem Fugenthema oder der Kantatenform unterworfen habe, statt seine Musikalität frei hervorquellen zu lassen. Doch in diese Richtung neigt durchaus der seichte Kreativitätsbegriff der neuen Lernkultur. Er spielt «träges Wissen», das Lernen von Vorgegebenem verlangt und daher stupid ist, gegen «vernetztes» Wissen aus, das sich seine eigenen kreativen Entfaltungsräume schafft. Als wäre Kreativität eine eigene Kompetenz, die man ähnlich wie das Einmaleins lernen könnte. Das ist sie gerade nicht. «Die Aufforderung ‹Sei kreativ!› ist nicht weniger paradox als das legendäre ‹Sei spontan!› Kreativität lässt sich weder anordnen noch in Lehrpläne oder Arbeitsverträge pressen.»[74] Selten ist sie mehr als eine kleine Variation von Vorhandenem. Manchmal hilft ihr die Gunst der Umstände. Die Idee, zwei Räder unter einen Koffer zu montieren, war denkbar simpel. Nur war zuvor niemand darauf gekommen. Deshalb war der Rollkoffer, obwohl lediglich eine Variante des bisherigen Koffers, ein Geistesblitz mit Riesenerfolg. Die Apparaturen von Apple oder Google sind weit komplexere Leistungen. Da war es mit einem Geistesblitz nicht getan. Eine geduldige Tüftlerintelligenz mußte zahllose winzige technische Details so lange variieren, bis schließlich diese revolutionären Geräte herauskamen. Die Kreativität mußte am gegebenen mikroelektronischen Entwicklungsstand förmlich

74 Bröckling 2010, 93.

kleben, um über ihn hinauszugelangen. Sie war alles andere als eine eigene Kompetenz.

Zwar ist gelegentlich schon bei Kindern eine relativ ausgeprägte Eigenwillig- und Eigenständigkeit zu beobachten. Aber erst in einer günstigen Mischung mit anderen Eigenschaften wie Ausdauer und Abstraktionsvermögen kann sie kreatives Potential ergeben. Andernfalls ist sie einfach bloß abweichendes Verhalten. Jedes etwas unkonventionelle Zusammenstecken von Lego-Bauklötzen sogleich als kreativ zu etikettieren ist genauso lächerlich wie das Bis-drei-Zählen zur Kompetenz hochzujubeln. Kreativität kann genausowenig direkt gelernt werden wie Tugend. Sie kann allenfalls mitgelernt werden, hinzukommen, aber nur, wo Sachverhalte gelernt werden. Und nie ist sie ein frei schwebendes Vermögen. Immer haftet sie an Vorgaben.

Die entscheidende Vorgabe des Schulunterrichts aber ist die gemeinsame Jetztzeit. Fehlt sie, so fehlt aller Wiederholung, Variierung, Vertiefung die gemeinsame Achse. Wie sollen den Schülern die speziellen Aufträge für Kleingruppen- und Einzelarbeit einleuchten, wenn nicht von den Vorgaben der Jetztzeit aus? Wie sollen sie ihre eigenen Variationen zum Thema beurteilen lernen, wenn nicht durch gemeinsame Besprechung im Klassenverband? Wie soll ein Lehrer den Leistungsstand der Schüler ermessen, wie soll er Förderbedarf feststellen, wenn nicht in bezug auf die Sachverhaltsskizzen, mit denen er in Vorleistung gegangen ist? Das alles waren pädagogische Selbstverständlichkeiten, bis die neoliberale Gehirnwäsche einsetzte.[75] Doch die hundertprozentige Abschaffung der ge-

75 An die Stelle von pädagogischem Augenmaß treten nun große empirische Bildungsforschungsprojekte. Empirisch heißt: Man ermittelt durch Befragung möglichst vieler Beteiligter (Schüler, Lehrer, Eltern) und/oder durch Zensurenvergleich den «Effekt»

meinsamen Jetztzeit gelingt nicht einmal der offensivsten Deregulierung. Da sind nicht nur die unvermeidlichen Begrüßungsworte, die allen Beteiligten mitteilen, daß *jetzt* Unterricht ist. Ständig müssen auch administrative Mitteilungen an alle

bestimmter «Faktoren» auf schulischen Lernerfolg, ganz so, wie Pawlow den Effekt des Glockentons auf die Speichelproduktion seines Hundes ermittelte. Nur daß nun, weil Lernerfolg entschieden komplexer ist als Speichelfluß, nicht bloß *ein* Faktor untersucht wird, sondern viele: etwa aktive Lernzeit, Angstarmut, Bewegung und Entspannung, Dauer der Sommerferien, Elternunterstützung, Familienstruktur, Fernsehen, Fernunterricht, Hausaufgaben, induktives Vorgehen, inklusive Beschulung, Lehrpersonen, Leseförderung, Nicht-Versetzung und was nicht alles. Die Effekte all dieser Faktoren werden zunächst separat ermittelt. Sodann fungieren sie als Datenbasis einer «Meta-Analyse», die ihnen «ein gemeinsames Maß (eine Effektstärke)» entnimmt, «sodass die Gesamteffekte quantifiziert, interpretiert und verglichen werden können». Die Krönung ist dann jene große «Synthese (eine Methode, die von einigen als Meta-Meta-Analyse bezeichnet wird) von über 800 Meta-Analysen zur Beeinflussung von Lernverhalten», mit der John Hattie berühmt geworden ist (Hattie 2015, 3f.). Tausende einzelner Lerneffektanalysen sind in seine Synthese eingegangen, ohne allerdings inhaltlich noch einmal überprüft zu werden. Auf ihre Umrechnung kam es an. Hatties statistischer Clou war die Effektstärke von 0,4. Nur Faktoren, die sie erreichen oder überschreiten, erklärt er für lern- und unterrichtsrelevant. Der Einfluß des Lehrers überschritt die 0,4-Barriere deutlich; Mitschüler, Elternhaus, Hausaufgaben blieben deutlich darunter. Hattie wünscht sich freilich eine differenzierte Interpretation seiner Statistiken. Daß «*es ganz auf die Lehrpersonen ankommt*», sei, «wie die meisten einfachen Lösungen, so nicht ganz zutreffend: Es kommt auf diejenigen Lehrpersonen an, die bestimmte Unterrichtstätigkeiten im Rahmen passender Curricula anwenden, und die den Lernenden zeigen, wie man in Bezug auf diese Curricula *Denkweisen und Stra-*

ergehen: sei es, daß die nächste Stunde ausfällt, der Schulbus sich verspätet, eine Baumaßnahme bevorsteht, das Internet gerade nicht funktioniert oder eine Umlage für irgend etwas einzusammeln ist. Für Mitteilungen dieser Art haben Schüler

tegien entwickelt. Nicht alle Lehrpersonen sind effektiv, nicht alle Lehrpersonen sind Experten und nicht alle Lehrpersonen haben einen großen Effekt auf Lernende.» «Ein besonders entscheidender Aspekt, den die Lehrperson beisteuert, ist die Qualität ihres Lehrens, so wie sie durch den Lernenden wahrgenommen wird.» (42) Wer hätte das gedacht? Und dafür eine Synthese von 800 Meta-Analysen? Der Berg gebar eine Maus. Übrigens auch kompetenztheoretisch. Hattie will ja auf ein Kompetenzprofil des effizienten Lehrers hinaus. Das ist einer, der «den Lernenden zeigt, wie man in Bezug auf Curricula Denkweisen und Strategien entwickelt». Doch wie macht er das? Wo sind die Inhalte, an denen sich seine Kompetenz bildet? Sie sind vorab ausgeklammert, weil nicht in Effektstärken umrechenbar. – Die Hattie-Studie, das *opus magnum* «evidenzbasierter» Forschung, krankt nicht nur am Leerlauf aller Kompetenzmodellierung; nicht nur an einem krassen Mißverhältnis von Aufwand und Resultat, sei es, daß sie Trivialitäten herausfindet, sei es, daß sie ihre statistischen Evidenzen (wie zum Beispiel die Lernirrelevanz von Hausaufgaben) sogleich wieder differenzierend aufweicht (unter manchen Bedingungen sind Hausaufgaben weniger effizient als unter anderen). Viel gravierender ist die Denkweise, die sie praktiziert und einübt. Was geschieht allein schon an Verkürzung, wenn das psychodynamische Übertragungsverhältnis zwischen Lehrern und Schülern auf einen «Faktor» reduziert wird, der Lernverhalten «beeinflußt» – und der Lernprozeß insgesamt nur noch als ein Faktorenlabyrinth wahrgenommen wird, durch das allein der Ariadnefaden der Statistik zu führen vermag. Behaviorismus pur! Ein regelrechter Zahlenfetischismus schüchtert die Lehrer systematisch ein – was ist meine bescheidene subjektive Erfahrung gegen «evidenzbasierte», wissenschaftlich fundierte Zahlenwerke – und untergräbt ihre pädagogische Urteilskraft.

allerdings um so weniger ein Ohr, je weniger sie eine gemeinsame Jetztzeit noch kennen und je mehr sie allgemeines Gewusel im Raum für die einzig mögliche Unterrichtsform halten.

Um so berührender, wenn unter solchen Bedingungen ein überzeugter Inklusionslehrer wie der Leiter des oben erwähnten Bremer Projekts unversehens zu etwas Zuflucht nimmt, was er sich schon lange nicht mehr erlaubt hat. Eines Tages, als er vor der Tafel steht, legt er «plötzlich die Kreide aus der Hand, dreht sich zu seiner Klasse um und fängt an zu singen. Singt die Ballade vom Kaspar, gehört bei Reinhard Mey. Alle 64 Zeilen kann er auswendig. Seine Schüler begreifen schnell: Das ist nichts Alltägliches, was sie hier erleben. Und jedem fällt zu Kaspar Hauser etwas ein: Ausgrenzung, Flucht, Intoleranz. Für Dopp sind das gute Momente, wenn er alle Schüler erreicht, wenn es für einen Augenblick keine Rolle spielt, welche diagnostischen Gutachten in ihren Schülerakten stecken, und er nicht nachdenken muss über ausdifferenzierte Arbeitsblätter. Wenn das Roma-Mädchen Elena eine verblüffende Antwort gibt. Sie, die lange nicht sprach, die lange nicht schrieb.»[76]

Der Lehrer ist rückfällig geworden. Er hat sich pauschal an die ganze Klasse gerichtet, statt zieldifferent an einzelne; er hat allen etwas vorgesungen, was sie nicht kannten, also doziert, statt sie selbst etwas entdecken zu lassen; kurzum, er hat genau das getan, was als Frontalunterricht gilt – und gerade dabei aufs schönste demonstriert, was gemeinsame Jetztzeit ist. Sein Beispiel zeigt, wie infam es ist, wenn man gemeinsame Jetztzeiten unter Frontalunterricht und Gleichschritt verbucht, den beiden demagogischen Hauptbegriffen der neoliberalen Bildungsideologie. Die will ja gar nicht wissen, was jenen Frontalunterricht ausmachte, an dem sich in den 1960er Jahren heftige Kritik entzündete. Da dominierten Lehrer, in

76 Otto, 2015, 57.

denen die Autoritätsstrukturen der NS-Zeit tiefere Spuren hinterlassen hatten als die Grundsätze der Reformpädagogik. Sie verlangten von ihren Schülern durchaus noch militärähnlichen Drill und neigten dazu, den Unterrichtsstoff durchgängig monologisch vorzutragen, unbekümmert darum, wie lange Schüler stillsitzen und folgen können, und ohne ihnen angemessenen Raum zu eigenem Umgang mit dem Vorgetragenen zu öffnen. Unterricht sollte gleichbedeutend mit Jetztzeit sein und das Vorgetragene die Sache selbst. Die einzigen erlaubten Aneignungsformen für die Schüler waren Abschreiben von der Tafel, Mitschreiben von Diktiertem und Antworten auf Lehrerfragen – alles immer im Plenum. *Das* war Frontalunterricht. Dagegen hatte der Ruf nach Methodenwechsel sein volles Recht. Nur hat man inzwischen vergessen, wogegen dieser Ruf sich richtete. Der Methodenwechsel dient kaum mehr der Öffnung von Variationsraum für das vom Lehrer Dargebotene, sondern vor allem der Angleichung des Unterrichts an die Aufmerksamkeits- und Unterhaltungsstandards des Fernsehens. Methodenwechsel an sich gilt als gut. Wer in Vorführstunden nicht mindestens dreimal die Methode wechselt, muß mit Minuspunkten rechnen. Der überlange Lehrermonolog hat Seltenheitswert bekommen, schon weil vielen Kollegen schlicht die Ausdauer dazu fehlt. Das Problem ist heute eher, wieweit sie überhaupt noch etwas zusammenhängend und anschaulich vorzutragen vermögen, ohne es sogleich mit Bildchen, O-Tönen oder Gedudel zu garnieren oder zu unterbrechen.

Unterbrechung

Das Störfeuer der Unterbrechung dringt heute in alle Poren der Wahrnehmung und Kommunikation ein. Wo es herkommt, hat Walter Benjamin schon 1936 aufgedeckt: vom

Film. Das filmische Verfahren ist «in erster Linie ein taktiles», sagte er, das «auf dem Wechsel der Schauplätze und Einstellungen beruht, welche stoßweise auf den Betrachter eindringen» und ihm keine Chance zu kontemplativem Innehalten vor der einzelnen Filmaufnahme lassen. «Kaum hat er sie ins Auge gefaßt, so hat sie sich schon verändert. Sie kann nicht fixiert werden.» «In der Tat wird der Assoziationsablauf dessen, der diese Bilder betrachtet, sofort durch ihre Veränderung unterbrochen. Darauf beruht die Chockwirkung des Films, die wie jede Chockwirkung durch gesteigerte Geistesgegenwart aufgefangen sein will.»[77] Benjamin erlebte den Film als ungeheuer belebendes Medium und zugleich als *das* Freizeitvergnügen kleinbürgerlich-proletarischer Schichten. Und so erhoffte er sich von der Schockwirkung des Films in vollen Kinosälen die Stimulierung des Proletariats zu revolutionärem Verhalten, ähnlich wie der von ihm bewunderte Sergej Eisenstein: «Der sowjetische Film muß auf die Schädel trommeln»; er muß wirken «wie ein Traktor, der die Psyche des Zuschauers im Sinne des angestrebten Klassenstandpunkts umpflügt».[78]

Doch der Film pflügte die Welt anders um als erwartet. Nirgends verhalf er dem Proletariat zum Sieg, wohl aber durchdrang er weltweit den ganzen Alltag. Die belebende Wirkung, die er ausgestrahlt hatte, solange er eine Rarität war und die werktätige Bevölkerung als Wochenend-Highlight magnetisierte, verkehrte sich innerhalb weniger Jahrzehnte in abstumpfende Dauerberieselung. Damit ließ die Schockwirkung der Filmbilder zwar nach, aber jener «Wechsel der Schauplätze und Einstellungen», «welche stoßweise auf den Beschauer eindringen», hörte keineswegs auf. Im Gegenteil: Er

---

77 Benjamin 1974 [1936], 502 f.
78 Eisenstein o. J., 27.

wurde allgegenwärtig. Nach wie vor wirkt jeder Bildschnitt als optischer Ruck, der ein «Achtung», «Aufgemerkt», «Hierhergesehen» auf den Betrachter ausstrahlt, ihm eine neue kleine Aufmerksamkeitsinjektion verabreicht, einen winzigen Adrenalinstoß – und seine Aufmerksamkeit gerade dadurch zermürbt, daß er sie ständig stimuliert. Der Bildschock übt physiologische Macht aus; das Auge wird von seinem abrupten Lichtwechsel magnetisch angezogen und läßt sich nur durch große Willensanstrengung davon abwenden. Der Bildschock übt ästhetische Faszination aus; ständig verspricht er neue, noch ungesehene Bilder. Er übt in die Allgegenwart des Marktes ein; sein «Hierhergesehen» preist die nächste Szene an wie ein Marktschreier seine Ware. Und seit der Bildschirm ebenso dem Computer wie dem Fernseher angehört, nicht mehr nur die Freizeit füllt, sondern das gesamte Arbeitsleben durchdringt, fallen auch Bildschock und Arbeitsauftrag ineinander.

Mit diesem Ineinanderfall begann die schöne neue Arbeitswelt der Vernetzung und Flexibilisierung. Der ruckartige «Wechsel der Einstellungen und Schauplätze» bestimmt seither zunehmend das Arbeitsverhalten, und wir erleben gegenwärtig, wie ihm das elementare schulische Lernverhalten angeglichen wird. Unterbrechen, ehe sich etwas entfalten kann: das wird nun sogar die Maxime beim Lese- und Schreiblehrgang in der Grundschule. Noch gilt Lesen ja als unerläßliche Kulturtechnik, selbst für Kinder, die ersichtlich lieber Fußball spielen oder fernsehen. Um auch ihnen bei jedem Schritt demonstrieren zu können, wie weit sie es schon gebracht haben, wird bereits das Entziffern erster Worte und Sätzchen sogleich als Kompetenz gefeiert und mit einer didaktischen Apparatur umstellt. «Im Zuge der Bestimmung des Lesens als einer ständig zu überprüfenden Kompetenz geht die aktuelle Lesedidaktik dazu über, jeden Leseakt durch vermeintlich hilfreiche Kontroll- und Verständnisfragen zu stören und damit zu zerstören. Wer ein aktuelles Lesebuch zur Hand nimmt, wird erstaunt sein über die ohnehin schon knappen Texte, die nach wenigen Absätzen schon durch Arbeitsaufträge, Kontrollfragen und Übungen unterbrochen sind. Wie soll ein Kind, ein junger Mensch unter diesen Bedingungen Lust am Lesen entwickeln, wie soll er lernen, sich der Dynamik des Lesens zu überlassen, in einem Text zu versinken, in den Sog des Geschriebenen zu geraten, wenn er alle paar Minuten über das Gelesene Rechenschaft ablegen, sich nach jedem Absatz überprüfen lassen muss?» «Habe ich alles richtig verstanden? Weiß ich noch, wie die Schwester der Hauptfigur heißt? Ahne ich, was der Autor mir sagen will? Kann ich das Gelesene auf meine Situation anwenden? Furchtbar!»[79] Aber genau das ist das «Leseverständnis», das die Pisa-Tests züchten. Ein Gedicht, eine Schilderung, ein Bewerbungsschreiben, ein Einkaufszettel: sie alle sind bloß Informationslieferanten. Wenn man ihre verschiedenen Informationsarten auseinanderhalten kann, zu definieren vermag, was eine Metapher, eine Beschreibung, eine Anrede, eine Aufforderung ist, und überdies noch anzugeben weiß, was sie einem bringen, dann erfüllen sie ihren Zweck: Lesekompetenz zu verschaffen. Eine Eigenbedeutung als Texte haben sie nicht, und die ständige Unterbrechung der Lektüre verhindert vorab, daß so etwas wie ein Eigengewicht literarischer Sachverhalte entsteht.

Handschrift

Während beim Lesen der Zusammenhang dauernd unterbrochen wird, stellt er sich beim Schreiben erst gar nicht mehr her. Man schreibt keine ganzen Texte mehr; man füllt kleine

79 Liessmann 2014, 140 f.

Textlücken aus. Genau in jenen 1970er Jahren, als sich die mikroelektronische Wende vollzog und Bildschock und Arbeitsauftrag ihre folgenreiche Allianz eingingen, begann in den Schulen der Siegeszug des Lückentextes. Einen Schreibfluß läßt er kaum mehr entstehen. Wozu dann noch fließende Schreibschrift? Ihre Demontage fing an – stets unter dem Vorwand, bildungsferne Schichten besser zu integrieren. Warum sollte man es ihnen unnötig schwer machen mit all den geschwungenen Linien, die die lateinische Schreibschrift verlangt? So erfand man eine «vereinfachte Ausgangsschrift» mit weniger Schwüngen und Kringeln. Wurde die Handschrift seither besser und geläufiger? Im Gegenteil. Nun, warum dann überhaupt noch auf einer Schreibschrift bestehen? Druckbuchstaben tun es doch auch. Ein weiteres Mal müssen die «Bildungsfernen» dafür herhalten. Sie werden nun für zu dumm verkauft, zusammenhängend schreiben zu lernen. Hamburg hat seinen Schulen schon vor einigen Jahren freie Wahl zwischen vereinfachter Ausgangsschrift und Druckschrift eröffnet, und Finnland, das Musterland der Pisa-Studien, hat beschlossen, ab 2016 seinen Schülern nur noch Druckbuchstaben beizubringen – mit genau dem Argument, das vor vier Jahrzehnten bereits die Einführung des Lückentextes begleitete: Man kommt den «Schreibschwachen» entgegen, verschwendet nicht länger Zeit für stupide motorische Übungen und gewinnt sie um so mehr für den kreativen Umgang mit Gedanken und Inhalten, denen die Schrift doch lediglich als Transportmittel dient.

Welche Verkennung des Zusammenhangs von Schreiben und Denken! Als ob sich Gedanken klar sortiert im Kopf befänden und durch Schrift bloß noch anderen zugänglich zu machen wären. So läuft das nicht einmal bei hochkarätigen Schriftstellern, schon gar nicht bei Kindern. «Erkannt wird vielmehr in einem Geflecht von Vorurteilen, Anschauungen, Innervationen, Selbstkorrekturen, Vorausnahmen und Übertreibungen, kurz in der dichten, fundierten, aber keineswegs an allen Stellen transparenten Erfahrung.»[80] Schrift ist ein Mittel, um dieses Geflecht zu lichten: sozusagen eine mentale Kläranlage. Beim Aufschreiben gehen Worte, Sätze, Gedanken buchstäblich in die Hand über. Sie sind nicht mehr dasselbe wie zuvor im Kopf. Sie werden manuell auseinandergelegt, versachlicht und auf einer Fläche fixiert. Das Schreiben nötigt dazu, bei ihnen zu verweilen – ungleich mehr als das Sprechen. Schreiben ist eine Geste der Hingabe. Ein Kind, das sie lernt, muß wie kaum je zuvor seine Motorik und Aufmerksamkeit mit beträchtlicher Ausdauer auf einen Punkt hin zusammennehmen: die Spitze eines Stifts. Regelmäßige, kontinuierliche Schreibbewegungen sind in der Phase ihres Erlernens eine hohe Koordinations- und Konzentrationsleistung. Schreibschrift ist dialektisch. Was sie in Buchstaben auseinanderlegt, fügt sie zugleich zusammen. Sie schafft ein Gespür für das Verhältnis von Teilen und Ganzem. «Alles konzentriert sich auf einen Punkt, auf die Spitze des Stiftes, aus der Buchstaben auftauchen, die Wörter formen, die den Gedanken entspringen. Die Linie des Stiftes entspricht der Linie des Denkens», «der Schreibende kann nicht hüpfen, Abschweifungen sind nicht möglich, wenn Sinn entstehen soll.»[81] Ja, Schrift ist in die Entstehung von Sinn verwickelt; sie transportiert ihn nicht bloß. Nietzsche hat es erfaßt: «unser Schreibzeug arbeitet mit an unseren Gedanken».[82]

Es bleibt nicht folgenlos für die gedanklichen Verknüpfungen, wenn man nur noch separate Buchstaben schreiben lernt, zumal offensichtlich ist, wohin das führt. In wenigen Jahren werden handschriftliche Druckbuchstaben den Kin-

80 Adorno 1976 [1951], 100.
81 Pfister 2015, 3.
82 Nietzsche 1986 [1882], 172.

dern ebenso «zu beschwerlich» sein, wie es jetzt schon die vereinfachte Ausgangsschrift ist. Und die Schulpolitik wird einem Arzt gleichen, der Leuten, denen das Gehen zu beschwerlich geworden ist, weil sie meistens fahren, ganz vom Gehen abrät. Fahren bringt doch viel bequemer und schneller voran. Schreibtechnisch gesagt: Kinder lassen sich viel bequemer und schneller am Computer alphabetisieren. Wenn man allerdings Maschineschreiben nicht mehr *nach* der Handschrift lernt, sondern *statt* Handschrift, wird nicht nur ein Schreibwerkzeug durch ein anderes ersetzt. Es ändert sich die Gesamthaltung zum Schreiben. Buchstaben, die man selbst nicht mehr malen kann, werden nur noch durch ruckartige Fingerbewegungen ausgelöst bei ständigem Blickwechsel zwischen Tastatur und Display-Schriftbild. Die Geste der Hingabe, die die Motorik und Sensorik eines ganzen Organismus auf einen Punkt hin zusammennahm, löst sich in disparate Impulse auf. Der Vorgang des Schreibens wird genauso wuselig, wie es seine Umgebung im deregulierten Klassenzimmer schon ist. Man darf gespannt sein, wie sich die mentale Grundkonsistenz von Sechs- bis Zehnjährigen ohne das Bindemittel Handschrift entwickelt, das ihr jahrhundertelang wie selbstverständlich beigemischt war.

Eines läßt sich schon jetzt voraussagen. Die Alphabetisierung am Computer ist Zunder für das Aufmerksamkeitsdefizit-Hyperaktivitätssyndrom.[83] Bisher grassiert es vornehmlich unter Kindern und Jugendlichen, die zwar von klein auf mikroelektronisch sozialisiert sind, aber wenigstens recht und schlecht vereinfachte Ausgangsschrift lernten. Und bereits zu diesen noch konservativen Schreibkonditionen hat die Alphabetisierung ihre Selbstverständlichkeit verloren. Gewöhnlich

83 Türcke 2012.

wird das auf die großen Klassen und die zahlreichen Migrantenkinder geschoben. Doch in den 1960er Jahren, als der erste große Schub mediterraner Gastarbeiter nach Mitteleuropa kam, waren die Klassen nicht kleiner und ihr Prozentsatz an Nicht-Muttersprachlern bereits erheblich. Allerdings hatten die Grundschullehrer damals noch kein Unrechtsgefühl dabei, den Kindern die Buchstaben wieder und wieder an der Tafel und in der Luft mit übertrieben ausladenden Gesten vorzumalen, die entsprechenden Laute überdeutlich und grimassierend vorzusprechen und sie so lange Texte abschreiben zu lassen, bis die Handschrift geläufig floß und die Rechtschreibung in sie eingegangen war. Und so gelang ihnen in hohem Maße etwas, was ihnen niemand sonderlich dankte, weil es als selbstverständlich hingenommen wurde – und heute als Ding der Unmöglichkeit gilt, weil es dafür an individueller Förderung mangele. Faktisch haben die neuen Richtlinien für den Deutschunterricht den Anspruch, Kindern im Notfall ausdauerndes Lesen und richtiges Schreiben beizubringen, aufgegeben und verschleiern das bloß mit ihrem Gefasel von den «Rechtschreibstrategien», die die Kinder entwickeln sollen, und den Regeln, die sie dabei berücksichtigen mögen.[84] Auf die neuen Rechtschreibstrategien, die die Alphabetisierung auf dem Computer zeitigen wird, darf man sich schon jetzt freuen.

Damit nicht genug. Wenn der Computer das einzige Schreibwerkzeug ist, müssen auch sämtliche Arbeitsblätter elektronische Form annehmen. Und wenn jeder Computer per Satellit eine Direktverbindung zum Internet hat (was die Schulpolitik ausdrücklich wünscht), dann kann jeder Schüler, sobald er irgend etwas schreiben oder ausfüllen soll, jederzeit ins Internet ausweichen. Nur ein Aufseher, der permanent ne-

84 Siehe oben, S. 42.

ben ihm sitzt, könnte ihn noch davon abhalten. Wie sollen Sechsjährige da noch lernen, bei einer Sache zu bleiben? Unter dem Vorwand, sich von Schulbeginn an frei und kreativ entfalten zu dürfen, werden sie – bis auf diejenigen, die so behindert sind, daß ihnen der Computer ganz unzugänglich bleibt – der zentrifugalen Sogkraft des Internet voll ausgeliefert. Die letzten Schonräume des Innehaltens und der Vertiefung in eine Sache, wie sie das Erlernen einer eigenen Handschrift noch eröffneten, verschwinden. Alle werden ins Internet eingeschlossen. Es gibt kein Entrinnen.

Das ist die mediale Seite der Inklusion. *No child left behind* heißt hier nur noch: Jedes Kind muß online gehen. Damit minimiert sich im Klassenraum aber nicht nur das gemeinsame Jetzt. Auch als Ort eines gemeinsamen Hier wird er immer weniger plausibel. Warum soll man überhaupt noch in einem gemeinsamen Raum sitzen, wenn sich Arbeitsblätter online stellen lassen und das Internet, dessen Nutzung gleichbedeutend mit Lernen wird, sich von jedem Ort aus erreichen läßt? Warum sollen Kinder und Jugendliche einen mühsamen Schulweg auf sich nehmen, um dann in einem Klassenraum zu tun, was sie ebensogut zu Hause erledigen könnten? Warum noch teure Schulgebäude bauen und instand halten? Warum Förderlehrer noch länger von Schule zu Schule fahren lassen? Wäre es nicht viel praktischer, sie kämen direkt zu jedem Schüler nach Hause, um ihn dort in seiner vertrauten Umgebung ungleich individueller zu fördern als je im Klassenraum?

Genauso wie der Fabrikraum seine Unerläßlichkeit verloren hat, seit Firmen auch online funktionsfähig sind, so ergeht es nun dem Schulraum. Das Problem ist nur: High-Tech-Arbeitskräfte kann man als Heimarbeiter beschäftigen und ihnen dabei womöglich noch die Beaufsichtigung ihrer Kinder aufdrücken. Wohin aber mit all den Sechs- bis Zehnjährigen, deren Eltern außer Haus berufstätig sind? Selbst wenn der Schulraum kein Ort gemeinsamen Lernens mehr ist: als Aufbewahrungsort ist er vorerst alternativlos. *Das* – und nicht etwa die gemeinsame Jetztzeit des Unterrichts – ist der leitende Gesichtspunkt bei der Forderung nach Ganztagsschulen. Die Kinder müssen doch irgendwo verköstigt und beaufsichtigt werden, solange die Eltern anders beschäftigt sind. Die Stätten, in denen das geschieht, werden allerdings nicht sonderlich geschätzt. Ihre Erosion ist vorprogrammiert. Warum sollen Schüler dort, wo sie bloß aufbewahrt werden, länger als irgend nötig verweilen? Warum sollen sie alle pünktlich zur gleichen Zeit anfangen und aufhören? Das ist doch Gleichschritt. Gleitende Präsenzzeiten sind in Kindergärten längst üblich. Sie stehen auch den Schulen bevor. Wie lange sie bei anhaltendem Flexibilisierungstempo als Aufbewahrungsstätten noch alternativlos sind, wird sich zeigen.

Arbeitsblattunterricht

Es liegt an den Lehrern, ob sie dies alles mitmachen, ob sie es eigens befördern oder ob sie sagen: Nein, dafür geben wir uns nicht her. Widerstand ist möglich, und der erste Grundsatz des Lehrer-Widerstands gegen die neoliberale Gehirnwäsche lautet: Wir lassen uns die Achse des Schulunterrichts, die gemeinsame Jetztzeit im Klassenplenum, nicht nehmen. Wenn Lehrer auf diesem Grundsatz bestehen, wenn sie sich gegen die demagogische Gleichsetzung von Klassenplenum und autoritärem Frontalunterricht strikt verwahren: wer soll ihnen beikommen? Streik in Betrieben legt gewöhnlich die Produktion lahm. Streik gegen die neue Lernkultur hingegen kann die Produktivität des Unterrichts deutlich steigern. Lehrer müssen sich dafür bloß auf ihre Grundbestimmung zurückbesinnen: das Zeigen. Wer soll sie dafür entlassen? Wenn sie hingegen keinem Schülerplenum mehr Sachverhalte eröffnen, nichts mehr erzählerisch entfalten, nichts mehr selber vorführen, dann demontieren sie sich selbst.[85]

Natürlich müssen Lehrer mehr können, als nur zeigen: auch dafür sorgen, daß sich das Gezeigte setzt und fruchtbar wird. Das ist keineswegs unwichtig, aber nachgeordnet, zeitlich wie sachlich. Wenn ein Lehrer, an dessen Lippen die Schüler hän-

---

[85] Ein Hohn, wenn gerade die demontierten Lehrer als didaktische Wundertiere gepriesen werden, die das Kunststück vollbringen, sowohl die ganze Klasse voranzubringen als auch jeden einzelnen dabei optimal zu fördern. «Lehrer ist kein Ausbildungsberuf für etwas, das prinzipiell jeder lernen kann», sagt etwa Precht. «Vielmehr ist es ein künstlerischer Beruf». «Gute Lehrer sind Artisten im Sozialen; sie sind Darstellungs- und Vermittlungskünstler.» So weit die Poesie. Und dann die Prosa. «Dass man einen solchen Artisten […] nicht in die Rolle eines Beamten pressen sollte, versteht sich dabei von selbst. Lehrer zu verbeamten ist ein Überbleibsel alten Preußentums». «Ein guter Künstler hingegen möchte gar nicht Beamter werden. Vielmehr dürfte es ihm wichtig sein, leistungsbezogen bezahlt zu werden und seine schulische Karriere nicht dem toten Sozialismus einer Verwaltungslaufbahn zu überantworten.» (Precht 2013, 140 und 143) – Nun, «leistungsbezogen bezahlt» wird auch jeder Leiharbeiter. Selbst Hungerlöhne gibt es nicht gratis. Sie «beziehen» sich auf Arbeitsleistungen. Und Künstlern genügt Leistungsbezogenheit anscheinend vollauf. Angemessenes Honorar oder gar feste Stellen? Darüber sind sie erhaben. Nach so etwas schielen Verwaltungskarrieristen. So vereinigen sich ein kitschiges Klischee vom Künstler und ein perfides vom Beamten zu einem Wink an die Finanz- und Kultusminister: Für jene Artisten, die stets alle Schüler begeistern und anspornen können sollen, und zwar als eilfertiges «kleines Coaching-Team», «aus dem jeder hilfsbedürftige Schüler sich seinen Ansprechpartner aussuchen kann» (Precht 2013, 233), sind Kurzzeitverträge und Niedriglöhne gerade recht.

gen, solange er ihnen etwas eröffnet, hernach die Methoden des Wiederholens und Variierens nicht optimal einsetzt, so ist das gewöhnlich minder gravierend als das Umgekehrte. Wenn er geschickt variiert, was er nebulös eröffnet hatte, rühren auch die Variationen im Nebel. Und wo er gar nichts mehr eröffnet, fehlt auch der besten Vertiefungs- und Fördermethodik der Halt.

Wer keinen Unterricht mehr erteilt, sondern ihn nur noch fördert und beaufsichtigt, gibt die primäre Lehrtätigkeit auf. Ein Irrtum freilich, daß in solchen Klassen gar kein Unterricht mehr erteilt würde. Das übernehmen die Arbeitsblätter, die an die Kinder nach individuellem Leistungsstand ausgeteilt werden. Dort finden sich jeweils karge, knappe Worte für einen Sachverhalt (die Schüler sollen ja nicht zu viel lesen); selten anschauliche Worte, selten auf vorbildlichem Sprachniveau. Ob sie ausreichen, den Sachverhalt wirklich zu eröffnen, ist nicht entscheidend; Hauptsache, sie münden sogleich in eine Frage oder Aufgabe. Es sind solche Arbeitsblätter, die nun jeden einzelnen ganz individuell und in aller Stille an die Standards des verpönten Frontalunterrichts gewöhnen. Stimmen sie etwa auf den Sachverhalt ein, den sie an den Anfang stellen? Das könnte nur eine Person. Blätter fangen einfach an. Gewöhnlich setzen sie den Kindern den Sachverhalt unvermittelt vor und stellen ihn nur so weit dar, wie er Aufgaben hergibt. Seine Eröffnung ist nur dazu da, schnellstmöglich in eine Frage überzugehen (Lehrerfrage-Schülerantwort) oder in einen Imperativ (rechne zusammen; fasse zusammen; kreuze an; fülle aus). Nur daß das autoritäre Gehabe nicht mehr von Personen ausgeht; es kommt anonym als Sachzwang daher. Und die Lehrer, deren Beruf es sein soll, in der Klasse umherzugehen und eigenständig arbeitende Schüler bei Bedarf individuell zu beraten und zu fördern, sind faktisch dazu da, für die nach Leistungsstand individuell gestaffelten Sachzwänge die nötige Akzeptanz zu schaffen und auf allen Niveaus Bereitschaft zur Sachbearbeitung zu erzeugen. Optimale individuelle Förderung auf dürftigster Grundlage: das ist das Prinzip des deregulierten Arbeitsblätterplenums. Und wenn die Förderung nicht fruchtet, muß eben mehr gefördert werden, ohne daß die in Frage stehenden Sachverhalte durch eine emotionsgestützte Eröffnung je eine Chance gehabt hätten, den Kindern ans Herz zu wachsen.

Aber es geht gar nicht um Sachverhalte; sie sind nur Mittel zum Kompetenzerwerb. So wie beim Pisa-Leseverständnis. Dessen Direktiven reichen bis zum Abitur hinauf, wie der Biologiedidaktiker Hans Peter Klein gezeigt hat. Er testete, ob Neuntklässler «in der Lage sind, in einer Zentralabiturprüfungsaufgabe des Leistungskurses Biologie eine zumindest ausreichende Note zu erreichen». Und siehe da, 23 von 27 Schülern bestanden, fünf gar mit «befriedigend», drei mit «gut» und einer mit «sehr gut». Eine Hochbegabtenklasse? Keineswegs. Das Wissen über «Populationsökologie», welches vorzuweisen war, wurde nämlich in der Aufgabenstellung komplett mitgeliefert und durch eine Graphik illustriert: daß die Streifenhörnchen, die sich in den Laubwäldern Nordamerikas von Samen und Eicheln ernähren, in den fetten Jahren einer starken Eichelmast eine deutlich höhere Überlebensrate im Winter haben als in mageren Jahren. Dieser wenig überraschende Sachverhalt war lediglich, auseinandergelegt in Antworten auf Teilfragen, wiederzugeben. Wer zudem noch aus der Graphik bestimmte Zahlenangaben zu den Überlebensraten der Streifenhörnchen in seinen Abiturtext übertrug, der hatte «die volle Punktzahl erreicht». Es ging also lediglich darum, sich von der hochtrabenden Terminologie der Aufgabenstellung nicht einschüchtern zu lassen, einen sehr bescheidenen Sachverhalt darin zu erkennen und zu bemerken, daß tatsächlich nichts anderes verlangt war, als dessen Einzelteile umzugruppieren (was einige Neuntklässler nicht glauben mochten, weshalb sie, auf der Suche nach Anspruchsvollerem, schlecht abschnitten). Verlangt wurde eine bestimmte Pisa-förmige Lese- und Umstellungskompetenz (Vorgegebenes «neu vernetzen»), aber keinerlei biologischer Sachverstand (kein «träges Wissen»). Bei einer Abituraufgabe alter Art hingegen war die gesamte neunte Klasse «hoffnungslos überfordert».[86]

Die angeführte biologische Abituraufgabe war durchaus kein Ausrutscher. Sie liegt ganz auf der Linie der seit den Pisa-Tests geltenden Lesekompetenz- und Arbeitsblattstandards. Allenfalls hat sie die Intention darin etwas zu offensichtlich werden lassen: daß arbeitsblattdominierter Unterricht in erster Linie dazu da ist, Arbeitsblattbearbeitungskompetenz zu erzeugen. Wenn Lehrer solchen Unterricht nur noch begleiten, selber keinen Sach- und Fachverstand mehr ausstrahlen, für nichts Erkennbares mehr stehen, aber alles fördern, was Arbeitsblätter und sonstige didaktische Materialien vorgeben, so fragt sich allerdings: Wie sollen sie die Achtung der Schüler gewinnen? Wie sollen sie bewundernde Zuneigung auf sich ziehen, die sie auf Sachverhalte umlenken könnten? Die gesamte Übertragungsliebe im Lehr- und Lernvorgang trocknet aus. Arbeitsblätter, die als anonyme Sachzwänge wirken, sind ohnehin steril, und Lehrer, die sich zu Lernbegleitern demontieren, sterilisieren sich selbst. Deregulierter Unterricht ist auch deerotisierter Unterricht. Wer das aber bedauert oder gar daran zu erinnern wagt, daß es ohne pädagogischen Eros eben bloß sterilen Unterricht gibt, keinen inspirierten, läuft sogleich Gefahr, als Sympathisant sexuellen Mißbrauchs von Kindern und Jugendlichen verdächtigt zu werden. Indessen wächst bei Lehrpersonen, die kaum mehr Gelegenheit haben oder geben, als bewundernswerte Vorbilder zu wirken, die Neigung, sich auf andere Weise Beliebtheit

86 Klein 2010, 8.

zu verschaffen: vor allem durch unverhältnismäßiges Lob, nicht selten unterfüttert mit Süßigkeiten und Miniaturspielzeug, die noch beim mickrigsten Lernerfolg ausgeteilt werden.

Haltung

Lob ermuntert, sagt ein alter pädagogischer Erfahrungssatz. Doch was wird aus Lob, wenn es zum Patentrezept mutiert? Genau das, was der Behaviorismus einen «positiven Verstärker» nennt. Lob, als Verstärker eingesetzt, fungiert wie ein technisches Gerät. Mit seiner Hilfe soll ein bestimmtes Verhalten, das ein Kind erst ansatzweise zeigt, zu einer dauerhaft abrufbaren Gewohnheit stabilisiert werden. Das gelobte Kind ist lediglich Verstärkungsobjekt. Kinder spüren das, wenn sie mit Lob überschüttet werden, das sie als Subjekte gar nicht ernst nimmt. Sie stellen auf Durchzug, wenn sie unentwegt «toll hast du das gemacht» hören. Oder sie kehren den Spieß um, nehmen den Dauerempfang von Lob als Anrecht wahr und rasten beim kleinsten Tadel aus. So geben sie auf ihre Weise zu verstehen, daß sie sich nach etwas anderem sehnen als inflationiertem Lob: nach aufmerksamer Zuwendung. Wo die ihnen zuteil wird, erfolgen Lob und Tadel dosiert. Dosierter Tadel muß keineswegs lähmen oder deprimieren. Er kann durchaus als ein kleiner Beschämungsstich wirken, der dazu anspornt, bestimmte Dinge zu unterlassen und andere besser zu machen. Er kann eine orientierende Grenze aufzeigen, deren Setzung das Kind durch sein Verhalten eigens provoziert hat oder gelegentlich geradezu herbeiwünscht. Und dosiertes Lob ist eines, das so selten und gezielt ergeht, daß es den Gelobten wirklich beglückt und erhebt. Es wird nicht ausgestreut wie Konfetti.

Zuwendung ist nicht Liebe. Lehrer müssen sich auch Schülern zuwenden, die sie nicht lieben. Aber Zuwendung ist – wie Liebe – eine Haltung. Sie äußert sich zwar nur in konkretem Verhalten, zu dem auch Lob und Tadel gehören, geht darin jedoch nicht auf. Nur wenn Lehrer eine eigene Haltung zu ihrer Tätigkeit haben, können sie Schülern helfen, eine Haltung zur Welt zu finden. Aber dazu muß der Unterricht selbst eine Haltung haben: eine Achse, ein Rückgrat. Unterricht ohne gemeinsame Jetztzeit ist rückgratloser Unterricht und erzeugt rückgratloses Lehrpersonal: Kompetenzbeschaffungsgehilfen. Haltungen sind keine Kompetenzen. Man kann sie nicht direkt lehren und lernen, genausowenig wie Kreativität oder das, was die alten Griechen Tugend nannten. Man kann sie lediglich mitlernen. Dann aber haben sie Auswirkungen auf alles weitere Lernen. Nicht daß Haltung an sich etwas Gutes wäre. Fundamentalistische oder obrigkeitsfromme Haltungen – bitte nicht. Disziplin als solche – nein danke. Hingegen: Sich auf Sachverhalte hin zusammennehmen, die herausfordern und erfüllen – ja bitte. Wo gar keine Haltungen mitgelehrt werden, da schleifen sich trotzdem welche ein. Der deregulierte Unterrichtsraum der neuen Lernkultur ist durchaus kein haltungsfreier Raum. Er übt eine Haltung zur Welt ein, wie sie kaum grundsätzlicher sein könnte. Sie nimmt Lernstoffe als Schmiermittel des Kompetenzerwerbs wahr und erkennt ihnen keinerlei Eigengewicht oder Eigenbedeutung zu; als Sachverhalte, die Angst nehmen und Halt, Zuflucht, Trost geben könnten, kommen sie nicht in Betracht.

Es steckt ein ganzes Menschenbild in dieser Haltung: Das, was mich ausmacht, ist das, worüber ich verfüge. Meine Kompetenzen sind mein Verfügungskapital; daraus besteht meine Identität. Ehrgeizige Eltern versuchen ein solches Kapital für ihre Kinder so früh wie möglich anzulegen. Sie lassen sie mit fünf oder sechs Jahren ein Musikinstrument lernen, weil Hirnforscher sagen, das sei gut für die Synapsen. Sie schleppen sie durchs Museum, weil das die Sensorik mobilisiert. Sie geben ihnen Bücher oder Tablets, weil das die Lesekompetenz erhöht. Es geht dabei nicht um Musik, Bilder oder Geschichten. Deren Innenleben erschließt sich nämlich erst dort, wo sie mehr sind als eine Verfügungsmasse, wo sie einen eigenen Sog und Zauber entfalten, die Aufmerksamkeit gefangennehmen, Zeit und Stunde vergessen lassen – also eine Haltung der Hingabe, des Innehaltens, des Verweilens hervorrufen, die bei effizienter Kompetenzgenerierung nur stört. Da sollen Lernerfahrungen ja nur noch etwas sein, was man macht und zügig akkumuliert, nichts mehr, was einem widerfährt, was einen erschüttert, durchdringt, erfüllt. Daß ein Mensch aus weit mehr besteht als seiner aktuellen Kompetenzbilanz, daß er in alle möglichen Verbindlichkeiten, Unwägbarkeiten, Wünsche, Erwartungen, Vorstellungen verwickelt ist, zu denen er zwar eine Haltung entwickeln kann, aber kein verfügendes Verhalten – das wird entweder ganz ausgeblendet oder selbst noch der Kompetenzterminologie unterworfen. «Kompetent trauern lernen» war neulich auf der langen schwarzen Limousine eines Beerdigungsinstituts zu lesen.[87] Das Institut bot dazu freundlichst seine Dienste an. Mit Trauer – auch mit Rührung, Achtung, Respekt – aber ist es genauso wie mit Kreativität, Hingabe, Tugend. Wer sie sich als eine Art Know-how antrainieren möchte, vergreift sich an ihnen. Es ergeht ihm wie dem sexuell Übergriffigen mit der Zuneigung der Begehrten. Er wird ihrer nicht habhaft. Dazu fehlt ihm eben jene Demut, die er als Kompetenz mißversteht.

Alles aus eigener Kraft selbst regeln und steuern, selbst noch zum Unverfügbaren ein verfügendes Verhältnis gewinnen: das ist die Grundhaltung des Kompetenzparadigmas. In der Theologie nannte man so etwas früher hochmütige Selbstrechtfertigung. Heute schwenken die christlichen Kirchen auf

87 Mündliche Mitteilung von Hans Schmid.

die Kompetenzterminologie ein, hängen ihre Religionspäd-agogik dem Trend der neoliberalen Bildungsideologie an und signalisieren: Auch wir sind *up to date*. «Religiöse Kompetenz kann als die Fähigkeit bezeichnet werden, Grundfragen des Lebens [...] zu entdecken, in Auseinandersetzung mit dem christlichen Glauben und nicht-christlichen Religionen und Weltanschauungen eigene Antworten zu entwickeln, darüber mit anderen zu kommunizieren und gemeinsam Konsequen-zen zu prüfen.»[88] Das ist zwar völlig unspezifisch – Philoso-phie und Literatur entwickeln ebenso eigene Antworten auf Grundfragen des Lebens und kommunizieren dabei mit Reli-gionen und Weltanschauungen –, aber es setzt eine Duft-marke. Wie kompetent trauern soll man auch kompetent glau-ben lernen können: «Partizipationskompetenz» für «religiöse Erfahrungen»[89] erwerben. So wird schließlich noch die gött-liche Gnade, das schlechterdings Unverfügbare, in die Verfü-gungsmentalität der Kompetenzterminologie eingewickelt und der alte Wein der Theologie in die neuesten Schläuche des Behaviorismus gefüllt.

Ein Irrtum freilich, daß die Grundfragen des Lebens durch kompetente Findigkeit «entdeckt» würden. Sie drängen sich immer schon auf: in jedem Schmerz, jeder Krankheit, jeder Anteilnahme, jedem weinenden oder lachenden Gesicht. Sie bedürfen nicht einer Entdeckerkompetenz, die sie offenlegt, sondern einer Haltung, die sich ihnen öffnet, genauso wie eine Psychotherapie, die den Namen verdient, nicht Entdeckungs-kompetenz für Tiefenseelisches einübt, sondern eine Haltung, die den eigenen tiefsitzenden seelischen Verletzungen den Raum gibt, den sie brauchen, um ins emotionale Gesamtge-füge der Person integrierbar zu werden. Eine solche Haltung

---

88 EKD 2004, 9.
89 Schieder 2004, 20.

kann man sich nicht «draufschaffen» wie einen Satz Vokabeln. Ihre Einübung braucht Tun und Geschehenlassen, Anspannung und Lockerung, Engagement und Reifung, wie übrigens alles, was man lernt, sowohl der Einprägung als auch der Sedimentierung bedarf, wenn es denn in den Fundus des Lernenden eingehen – zum Bestandteil seiner Bildung werden soll.

Bildung

Die neoliberale Bildungsoffensive ist hingegen eine Offensive gegen die Bildung. Sie will Bildung auf Kompetenz reduzieren, Haltung auf Verhalten. Das gelingt ihr auf katastrophale Weise. Aber wie beim Versuch, alle gemeinsamen Jetztzeiten aus dem Unterricht zu tilgen, so auch hier: Es klappt nicht hundertprozentig. Schon einfachste Kompetenzen gehen in bloßem Verhalten nicht auf. Wenn ein Kind seine Motorik so zu koordinieren beginnt, daß es ein Bein vors andere setzt und dabei im Gleichgewicht bleibt, lernt es mehr als bloß Gehen. Die beim Gehen erbrachte motorische Koordinationsleistung ermöglicht alsbald auch Hüpfen, Springen, Radfahren, sie ist im Spiel, wenn eine Tasse zum Mund geführt und mit dem Schluckvorgang abgestimmt wird, und bereitet den Boden für die Einübung der feinmotorischen Bewegungen des Malens und Schreibens. Das motorische Koordinationspotential, das sich beim Gehenlernen bildet, eröffnet weit mehr als diese eine Tätigkeit. Intendiert wird zwar sie: das Gehen. Es soll zu einer Kompetenz werden, einem Können, das sich nahezu immer abrufen läßt. Aber wo immer ein bestimmtes Können entsteht, bildet sich daran ein Bodensatz weiterer Möglichkeiten. Sie werden zwar noch nicht gekonnt, aber die Potenz dazu ist da. Freilich gewinnt sie nur in konkretem Können Kontur und Faßbarkeit, nie unmittelbar. Insofern ist der Bodensatz der Potentialität weniger als Können: weniger bestimmt und konturiert. Andrerseits ist er auch mehr: ein Fundus, aus dem das Können schöpft.

Dieser Fundus ist kein Verhalten, aber ein Hoffnungsarsenal. Deshalb weckt jedes Kind, wenn es Gehen lernt, auch die Hoffnung, es werde bald tanzen können, oder wenn es schreiben lernt, es werde bald in der Lage sein, einen Brief zu senden. Potenzen und Lernstoffe nähren darüber hinaus die Hoffnung, daß sie nicht einfach verfliegen werden, wenn die Kompetenz, zu deren Erwerb sie dienen sollen, erlangt ist. Gelernt wird nämlich stets *etwas* – oder es wird nicht gelernt. «Das Lernen lernen» geht nicht. Wo die neoliberale Propaganda es fordert, intendiert sie faktisch etwas anderes: die Bereitschaft, sich auf Knopfdruck oder Befehl von jedem Lernstoff sofort zu lösen und sich auf einen anderen umzustellen. Man soll sich abgewöhnen, Sachverhalte emotional zu besetzen oder gar der eigenen Person zu assimilieren. Sie könnten ja morgen schon überholt sein. Als besonders lernfähig und schlau gelten die ganz Flexiblen und Vernetzten, die ihren persönlichen «Wechsel der Schauplätze und Einstellungen» genauso geschwind und abrupt vollziehen wie eine Kamera. Doch sie sind ähnlich schlau wie diejenigen, die sich alle emotionalen Bindungen abgewöhnen wollen, um nicht länger an ständigem Beziehungsstreß laborieren zu müssen. Sich sämtliche libidinöse Emotionalität abtrainieren wollen funktioniert nicht. Man kann sie allenfalls umleiten, und wem es nicht gelingt, sie in beruflicher oder privater Hyperaktivität sozialverträglich zu kanalisieren, landet mit an Sicherheit grenzender Wahrscheinlichkeit in irgendeiner Form von Psychotherapie oder Glaubensgemeinschaft.

Ebensowenig gelingt die vollständige Ablösung der Kompetenzgenerierung von den Lernstoffen. Eigentlich könnten sie ja gleich wieder vergessen werden, sobald sie die gewünschte Kompetenz erzeugt haben. Doch sie lassen Gedächtnisspuren zurück. Das Gedächtnis ist keine Maschine und kein Ökonom. Es verschwendet mehr Energie und bewahrt mehr auf, als zur Kompetenzgenerierung nötig wäre. Man mag es verwahrlosen lassen, wie es ein Unterricht tut, in dem nichts mehr memoriert wird, weil man ja alles anklicken kann. Doch auch ein verwahrlostes Gedächtnis bleibt Gedächtnis. Es hört nicht auf, an unerledigten Reizen zu laborieren. Und Sachverhalte, die einen Menschen wirklich betreffen, ihn in buchstäblichem Sinne angehen, sind mit punktuellen Lernakten nicht erledigt. Deswegen entsteht beim Lernen mehr als Kompetenz: ein Fundus aus Rückständen gelernter Sachverhalte. Dieser Fundus ist ein Überschuß mit unscharfen Konturen. Aber eben dieses unscharfe Gebilde macht die Bildung eines Menschen aus. Es mag beschämend klein sein. Aber selbst dann hört es nicht ganz auf, der Bodensatz seiner Kompetenzen zu sein. Von ihm zehren sie, aus ihm schöpfen sie. Und dennoch schöpfen sie ihn nicht aus.

Noch in ihrem heruntergekommensten Zustand ist Bildung ein Hoffnungsträger. Und noch in ihren höchsten Formen bleibt sie ein unscharfer Sachverhalt. Definieren wollen, was alles dazu gehört und was nicht, ist bereits der Versuch, sie in das Prokrustesbett der Kompetenzen zu zwängen – sie zu maschinisieren, würde man in moderner Terminologie sagen. Maschinen brauchen keine Bildung. Sie schöpfen aus keinem Fundus. Ihr Repertoire ist ein bestimmtes Programm. Solange sie funktionsfähig sind, spulen sie es ab. Sie sind absolute Könner, sie liefern Kompetenz pur. Aber es ist nichts dahinter – kein Sinn, kein Glück, keine Hoffnung, kein Trost. Menschen nur auf ihre Kompetenzen hin ansehen heißt sie wie Maschinen ansehen. Trostlos! Lehrer zu Kompetenzbeschaffungsgehilfen reduzieren heißt sie entwürdigen. Das müssen sie sich nicht bieten lassen. Sie sind zu ihrer Selbstpreisgabe nicht verpflichtet, wohl aber zur Rückbesinnung darauf, was Lehren eigentlich ist: Zeigen. Und gezeigt werden stets Sachverhalte, die in

Kompetenzen nicht aufgehen und deshalb etwas haben, was Halt und Trost gewähren kann.

Zum ärztlichen Berufsethos gehört der hippokratische Eid. Er ist medizintechnisch überholt und löst keine der aktuellen medizinethischen Grenzfragen; aber er gibt eine Richtung an. Auch ein pädagogischer Eid würde keine der aktuellen Erziehungs- und Schulfragen lösen. Kein Lehrer würde durch seine Ablegung zu besserem Unterricht befähigt. Aber allein wenn er die Lehrer auf die unerläßliche Unterrichtsachse verpflichtete und das Zeigen von (selbstverständlich mit den Menschenrechten vereinbaren) Sachverhalten in einer gemeinsamen Jetztzeit als ihre obligatorische Kerntätigkeit umschriebe, um die sich ihre übenden, betreuenden, beurteilenden, administrativen Tätigkeiten allesamt zu gruppieren haben – es wäre eine starke Orientierungsmarke gesetzt und beiher an etwas erinnert, was sich kaum mehr von selbst versteht: daß Lehrern ein Berufsethos nicht minder not tut als Ärzten.

Ethos ist keine Kompetenz, sondern die Haltung, die das mentale Rückgrat einer Person ausmacht. Die Lehrtätigkeit braucht ebenso ein Rückgrat wie der Unterricht selbst. Die neoliberale Schulpolitik aber braucht Flexibilität. Deshalb wäre sie für die eidesstattliche Verpflichtung auf ein Berufsethos schwerlich zu haben. Wer so etwas vorschlüge, stünde sogleich im Verdacht überholten Standesdünkels, als wollte er lediglich zurück zur guten alten Zeit, als Lehrer noch in einem dreiteiligen Schulsystem Frontalunterricht erteilten und auf die Unterwürfigkeit der Schüler zählen durften. Aber ebensowenig wie das Bestehen auf der Unerläßlichkeit des Plenarunterrichts ein Plädoyer für Frontalunterricht ist, so wenig ist die Kritik am Inklusionswahn schon die Rückwendung zu jener starr getrennten Beschulung, die vielen Sonder-, Haupt- und Realschülern von vornherein eine Menge Möglichkeiten der Selbstentfaltung verbaute. Umgekehrt: Erst wenn das, was die Inklusion anrichtet, richtig weh zu tun beginnt, wird die

Zeit reif sein, über eine menschenwürdige Mehrgliedrigkeit des Schulsystems vernünftig zu verhandeln.

Doch auch dann werden die Bäume nicht in den Himmel wachsen. Gemeinsame Jetztzeiten wird es immer nur in Gruppen von begrenzter Größe und ähnlich disponierter Fassungskraft geben können. Fassungskraft ist keine Naturgegebenheit, aber sie hat ein Natursubstrat. Sie läßt sich durch Anregungen und Förderung manchmal erstaunlich weit dehnen, aber nicht beliebig weit und in alle Richtungen. Sie ist keine amorphe Wachsmasse. Es wird auch bei optimaler frühkindlicher Förderung nicht ausbleiben, daß so manchem Kind komplexere Koordinations-, Sprach-, Memorier- und Denkleistungen verschlossen bleiben. Und dennoch haben seine begrenzten Fassungskräfte das volle Recht auf gemeinsame Jetztzeiten, die ihnen Sachverhalte eröffnen, welche sie zu fassen vermögen. Dadurch werden sie nicht stigmatisiert, sondern so, wie sie sind, ernst genommen und vor Leistungsansprüchen geschützt, denen sie nie gerecht werden können. Der begrenzte Raum, in dem das geschieht, ist ein Schonraum. Zum Ausgrenzungsraum wird er erst, wenn er die Schüler gegen andere Lernmöglichkeiten abschottet. Und gerade im Grenzbereich zu nichtschulischen Initiativen haben sich in den letzten Jahren hoffnungsvolle Möglichkeiten aufgetan. Zum Beispiel machen jahrgangs- und niveauübergreifende Sport-, Tanz-, Theater- oder Musikprojekte von sich reden, bei denen andere Qualitäten als Schulleistungen gefragt sind und die anders beflügeln als regulärer Unterricht.[90] Sonderschüler und Gymnasiasten können sich da während gemeinsamer Proben und Aufführungen unversehens auf gleichem

90 Das prominenteste Beispiel zeigt der Film *Rhythm is it*. Siehe auch das Duisburger Education Project *Ein Jahr mit Bela Bartok* (Deutschlandradio Kultur, 26. Juni 2015, 22.00 h).

Niveau bewegen und ungleich mehr gemeinsame Jetztzeit erleben als je in einem deregulierten Inklusionsraum. In einem wohlverstandenen mehrgliedrigen Schulsystem würden solche Projekte ebenso zum Schulalltag gehören wie getrennter Unterricht auf verschiedenen Leistungsniveaus. Das Zusammenwirken beider würde Theodor W. Adornos großer Vision von dem Zustand, «in dem man ohne Angst verschieden sein kann»,[91] bedeutend näher kommen als eine Inklusion auf Gedeih und Verderb, die kein Außen mehr zuläßt.

Doch noch ist die Rückbesinnung auf Mehrgliedrigkeit tabu. Vorerst sind all unsere politischen Parteien auf den neoliberalen Zug der Kompetenz und Inklusion aufgesprungen und kämpfen dort um die vorderen Plätze. Die Linke sagt: «Wir wollen inklusive Bildung als Grundrecht durchsetzen und ein inklusives Bildungssystem schaffen, in dem alle Kinder und Jugendlichen möglichst lange gemeinsam lernen und bestmöglich gefördert werden.»[92] Die Grünen sagen: «Gute Bildungseinrichtungen sind inklusiv.» «Kitas sind schon heute Vorreiter der Inklusion.»[93] Die SPD: «Von der Kita bis zur Erwachsenenbildung ist Inklusion für uns ein grundlegendes Prinzip und integraler Bestandteil aller Bildungseinrichtungen.»[94] Die CDU: «So viel Inklusion wie möglich – so viel besondere Förderung wie nötig.» «Die inklusive Schule werden wir daher weiter voranbringen.»[95] Die FDP: «Im Mittelpunkt unserer Vorstellung von Inklusion steht der einzelne Schüler.» «Die vielerorts bereits gelingende Inklusion im frühkindli-

91 Adorno 1976 [1951], 131.
92 Die Linke 2011.
93 Die Grünen 2013.
94 SPD 2013.
95 CDU 2013.

chen Bereich wollen wir daher ausbauen und gleichermaßen im Schulalltag fortsetzen.»[96]

Wäre ich gezwungen, mich für eine dieser Optionen zu entscheiden, was der Himmel verhüten möge, so würde ich zwischen CDU und FDP würfeln. Diese beiden Parteien, die die neoliberale Wende in den 1980er Jahren am meisten vorantrieben, der Flexibilisierung der Arbeitswelt und der Senkung sozialstaatlicher Standards am bereitwilligsten das Wort redeten, sind die einzigen, die bei der Schulinklusion überhaupt noch Vorbehalte erkennen lassen. Ist es so weit gekommen, daß die Kritik an der neoliberalen Bildungsideologie am ehesten noch bei ihnen überwintert? Hier die Progressiven, die die Verhältnisse zugunsten der Unterdrückten und Benachteiligten verändern wollen; dort die Konservativen, die die herrschenden Ungleichgewichte und Privilegien zu erhalten trachten: dieses Schema war zwar immer schon zu simpel, um die spezifische Dynamik der kapitalistischen Welt voll zu erfassen. Seit der neoliberalen Wende jedoch liefert es nicht einmal mehr eine brauchbare Grundorientierung. Die neue Lernkultur wird vornehmlich von den «Linken» vorangetrieben. Daran läßt sich die desorientierende Kraft, die von der neoliberalen Wende ausgeht, schlagartig ermessen. Woran soll man sich noch halten? An die politischen Kräfte, die sich bitter über die neoliberalen Bildungsfrüchte jenes Kapitalismus beklagen, den sie nach wie vor für die beste aller Gesellschaftsformen halten? Oder an jene, die in der festen Überzeugung, zu den schärfsten Kritikern des Neoliberalismus zu gehören, alles tun, um das neoliberale Kompetenz- und Inklusionskonzept durchzusetzen?

Es geht um weit mehr als einen Schulstreit. Mit der Rolle der Lehrer stehen zugleich entscheidende politische Grund-

96 FDP 2013.

einstellungen zur Debatte. Man kann das Wort «Lehrerdämmerung» depressiv verstehen: Lehrer erübrigen sich; Lernbegleiter genügen. Man kann es aber auch hoffnungsvoll lesen: Den Lehrern dämmert, daß sie sich das nicht gefallen lassen müssen. Wenn sie für den Erhalt und das Ethos ihres Berufs wirklich kämpfen, werden sie eine Orientierungsdebatte auslösen, die an die Grundfesten der neoliberalen Welt rührt.

Literaturverzeichnis

Abram 2003: Susanne Abram, *Die internationale Theoriendiskussion von der Integration zur Inklusion*, Verlag Freie Universität Bozen, Bozen

Adorno 1976 [1951]: Theodor W. Adorno, *Minima Moralia*, Suhrkamp, Frankfurt am Main

Ahrbeck 2011: Bernd Ahrbeck, *Der Umgang mit Behinderung*, Kohlhammer, Stuttgart

Arnade 2015: Sigrid Arnade, *Ende der «Apartheid»?*, in: Erziehung & Wissenschaft 07–08

Benjamin 1974 [1936]: Walter Benjamin, *Das Kunstwerk im Zeitalter seiner technischen Reproduzierbarkeit*, Gesammelte Schriften (ed. Tiedemann/Schweppenhäuser), Band I. 2, Suhrkamp, Frankfurt am Main

Benjamin 1974 [1942]: Walter Benjamin, *Über den Begriff der Geschichte*, Gesammelte Schriften (ed. Tiedemann/Schweppenhäuser), Band I. 2, Suhrkamp, Frankfurt am Main

Benjamin 1977 [1929]: Walter Benjamin, *Der Sürrealismus*, Gesammelte Schriften (ed. Tiedemann/Schweppenhäuser), Band II. 1, Suhrkamp, Frankfurt am Main

Bildungsstandards Mathematik 2013: Kultusministerkonferenz, *Kompetenzstufenmodell zu den Bildungsstandards im Fach Mathematik für den Primarbereich (Jahrgangsstufe 4)*, 11.2.2013, pdf

Bildungsstandards Deutsch 2013: Kultusministerkonferenz, *Kompetenzstufenmodell zu den Bildungsstandards für das Fach Deutsch im Kompetenzbereich «Schreiben», Teilbereich «Rechtschreibung» Primarbereich*, 13.2.2013, pdf

Bildungsstandards Deutsch 2015: Kultusministerkonferenz, *Kompetenzstufenmodell zu den Bildungsstandards im Fach Deutsch im Kompetenzbereich Sprache und Sprachgebrauch untersuchen für den Primarbereich*, 24.3.2015, pdf

Boltanski/Chiapello 2006: Luc Boltanski/Ève Chiapello, *Der neue Geist des Kapitalismus*, UVK Verlagsgesellschaft, Konstanz

Brecht 1978: Bertolt Brecht, *Die Mutter*, in: Die Stücke von Bertolt Brecht in einem Band, Suhrkamp, Frankfurt am Main

Bröckling 2007: Ulrich Bröckling, *Das unternehmerische Selbst*, Suhrkamp, Frankfurt am Main

Bröckling 2010: Ulrich Bröckling, *Über Kreativität. Ein Brainstorming*, in: Christoph Menke/Juliane Rebentisch (Hg.), *Kreation und Depression. Freiheit im gegenwärtigen Kapitalismus*, Kadmos, Berlin

CDU 2013: *Wahlprogramm der CDU zur Bundestagswahl 2013*, 23. Juni

Chomsky 1969 [1965]: Noam Chomsky, *Aspekte der Syntax-Theorie*, Suhrkamp, Frankfurt am Main

Dammer 2013: Karl-Heinz Dammer, *Mythos Neue Lernkultur*, Pädagogische Korrespondenz 48

Descartes 1961 [1637]: Rene Descartes, *Abhandlung über die Methode des richtigen Vernunftgebrauchs*, Reclam, Stuttgart

Die Grünen 2013: *Grünes Wahlprogramm zur Bundestagswahl*, 13. Juni

Die Linke 2011: *Bildung für alle*, in: Programm der Partei Die Linke, Erfurt, 23. Oktober

EKD 2004: Rat der Evangelischen Kirche in Deutschland, *Religion und allgemeine Hochschulreife*, Hannover

Eisenstein o. J.: Sergej Eisenstein, Ohne Titel, in: *Film. Auge – Faust – Sprache. Filmdebatten der 20er Jahre in Sowjetrußland*, Berliner Filmkunsthaus Babylon, Berlin

FDP 2013: *Wahlprogramm der FDP zur Bundestagswahl 2013*, 5. Mai

Freud 1975 [1914]: Sigmund Freud, *Bemerkungen über die Übertragungsliebe*, Studienausgabe, Ergänzungsband, Fischer, Frankfurt am Main

Gardner 1989 [1985]: Howard Gardner, *Dem Denken auf der Spur. Der Weg der Kognitionswissenschaft*, Klett-Cotta, Stuttgart

Gruschka 2009: Andreas Gruschka, *Erkenntnis in und durch Unterricht*, Büchse der Pandora, Wetzlar

Gruschka 2014: Andreas Gruschka, *Lehren*, Kohlhammer, Stuttgart

Hattie 2015: John Hattie, *Lernen sichtbar machen*. Überarbeitete deutsche Ausgabe von ‹Visible Learning›, besorgt von Wolfgang Beywl und Klaus Zierer, Schneider Verlag, Hohengehren

Hegel 1970 [1834]: Georg Wilhelm Friedrich Hegel, *Wissenschaft der Logik I*, Werke (hg. v. Eva Moldenhauer und Karl Markus Michel), Band 5, Suhrkamp, Frankfurt am Main

Heitkamp 2015: Sven Heitkamp, *Gemeinsam anders – aber wie?*, in: Erziehung & Wissenschaft, 07–08

Hinz 1998: Andreas Hinz, *Die Integrative Grundschule im sozialen Brennpunkt. Ergebnisse eines Hamburger Schulversuchs*, Hamburger Buchwerkstatt, Hamburg

Hinz 2006: Andreas Hinz, *Inklusion*, in: Georg Antor/Ulrich Bleidick (Hg.), *Handlexikon der Behindertenpädagogik*, Kohlhammer, Stuttgart

Horkheimer/Adorno 1969 [1947]: Max Horkheimer/Theodor W. Adorno, *Dialektik der Aufklärung*, Frankfurt am Main

Humboldt 1973 [1806]: Wilhelm von Humboldt, *Über die Natur der Sprache im allgemeinen*, in: derselbe, *Schriften zur Sprache*, Reclam, Stuttgart

Janz 1981: Curt Paul Janz, *Friedrich Nietzsche Biographie*, Band 1, dtv, München

Keynes 2011: John Maynard Keynes, *Das Ende des Laissez-Faire*, Duncker & Humblot, Berlin

Klein 2010: Hans Peter Klein, *Nivellierung der Ansprüche*, Frankfurter Allgemeine Zeitung, 14. Oktober

Kleist 1982 [1805]: Heinrich von Kleist, *Über die allmähliche Verfertigung der Gedanken beim Reden*, Sämtliche Werke und Briefe (herausgegeben von Helmut Sembdner), Band III, Hanser, München

Klieme u. a. 2010: Eckhard Klieme/Detlev Leutner/Martina Kenk, *Kompetenzmodellierung. Zwischenbilanz des DFG-Forschungsprogramms und Perspektiven des Forschungsansatzes*, Beltz, Weinheim/Basel

Lichtenberg 1968: Georg Christoph Lichtenberg, *Sudelbücher I*, Schriften und Briefe, Band I, herausgegeben von Wolfgang Promies, Hanser, München

Liessmann 2014: Konrad Paul Liessmann, *Geisterstunde. Die Praxis der Unbildung*, Zsolnay, Wien

Malebranche 1995 [1707]: Nicole Malebranche's *Traité de Morale*, Flammarion, Paris

Marquard 1981: Odo Marquard, *Abschied vom Prinzipiellen*, Reclam, Stuttgart

Meyer 1972: Hilbert L. Meyer, *Einführung in die Curriculum-Methodologie*, Kösel, München

Molière 1976 [1670]: Molière, *Der Bürger als Edelmann*, Parkland, Stuttgart

Münte-Goussar 2009: Stephan Münte-Goussar, *Portfolio, Bildung und die Ökonomisierung des Selbst*, Pädagogische Korrespondenz 40

Murmann 1988: Klaus Murmann, in: Industriegewerkschaft Druck und Papier (Hg.), *Tribunal gegen Flexibilisierung und ungeschützte Arbeitsverhältnisse*, Stuttgart

Nietzsche 1986 [1882]: Friedrich Nietzsche, *Brief an Heinrich Köselitz*, Februar 1882, Sämtliche Briefe, Kritische Studienausgabe, Band 6, dtv, München

Nietzsche 1988 [1887]: Friedrich Nietzsche, *Die fröhliche Wissenschaft*, Kritische Studienausgabe, Band 3, dtv, München

Nodari 2002: Claudio Nodari, *Was heißt eigentlich Sprachkompetenz?*, in: Barriere Sprachkompetenz, SIBP Schriftenreihe, Nr. 18, Zürich

Otto 2015: Jeannette Otto, *Im Schleudergang. Inklusion im Schulalltag, Folge 4*, DIE ZEIT, Nr. 29, 16. Juli

Pfister 2015: Simona Pfister, *Handschrift*, Frankfurter Allgemeine Sonntagszeitung, Nr. 3, 18. Januar

Precht 2013: Richard David Precht, *Anna, die Schule und der liebe Gott. Der Verrat des Bildungssystems an unseren Kindern*, Goldmann, München

Robinsohn 1975: Saul B. Robinsohn, *Bildungsreform als Revision des Curriculums und Ein Strukturkonzept für Curriculumentwicklung*, Luchterhand, Neuwied

Roth 1971: Heinrich Roth, *Pädagogische Anthropologie*, Band 2, Schroedel, Hannover

Roth 2015: Gerhard Roth, *Wie das Gehirn die Seele formt*, in: Frankfurter Allgemeine Zeitung, 5. August

Rousseau 1978 [1762]: Jean-Jacques Rousseau, *Emile oder Über die Erziehung*, in neuer deutscher Fassung besorgt von Ludwig Schmidts, Schöningh, Paderborn

Schieder 2004: Rolf Schieder, *Von der leeren Transzendenz des Willens zur Qualität zur Deutungs- und Partizipationskompetenz*, in: Theo-Web 3, Heft 2

Schmoll 1998: Heike Schmoll, *Teuer und wenig effektiv*, in: Frankfurter Allgemeine Zeitung, 16. November

Skinner 1973 [1971]: Burrhus Frederic Skinner, *Jenseits von Würde und Freiheit*, Rowohlt, Reinbek

SPD 2013: *Wahlprogramm der SPD zur Bundestagswahl*, 14. April

Spiegel Online 6.6.2015: *Bundesländer im Vergleich: So ungerecht sind Abiturnoten in Deutschland*, Unispiegel

Spiegel Online 12.6.2015: *Abitur: Vergleichbar und unvergleichbar*, Schulspiegel

Spiewak 2015: Martin Spiewak, *Heimvorteil*, DIE ZEIT, 28. Mai

Tomasello 2002 [1999]: Michael Tomasello, *Die kulturelle Entwicklung des menschlichen Denkens*, Suhrkamp, Frankfurt am Main

Türcke 1986: Christoph Türcke, *Vermittlung als Gott*, zu Klampen, Lüneburg

Türcke 2002: Christoph Türcke, *Erregte Gesellschaft. Philosophie der Sensation*, C.H.Beck, München

Türcke 2012: Christoph Türcke, *Hyperaktiv! Kritik der Aufmerksamkeitsdefizitkultur*, C.H.Beck, München

Vereinte Nationen 2008: Übereinkommen der Vereinten Nationen über die Rechte von Menschen mit Behinderungen, 2. Mai, pdf

Volpert 1974: Walter Volpert, *Handlungsstrukturanalyse als Beitrag zur Qualifikationsforschung*, Pahl-Rugenstein, Köln

Watson 1997 [1930]: John Broadus Watson, *Behaviorismus*, Klotz, Eschborn

Wocken 2015: Hans Wocken, *«Verkehrte Inklusion»*, in: Erziehung & Wissenschaft 07–08

Wocken 2001: Hans Wocken, *Ist Prävention das Ziel von Integration? Eine kritische Interpretation des Hamburger Schulversuchs Integrative Regelklasse*, in: Behindertenpädagogik 40